AF561697

EL TORO BRAVO

SAVIA DEL ÁRBOL DE ESPAÑA

ALICIA GINER CASINO

EL TORO BRAVO

SAVIA DEL ÁRBOL DE ESPAÑA

EXLIBRIC
ANTEQUERA 2022

EL TORO BRAVO. SAVIA DEL ÁRBOL DE ESPAÑA

Diseño de portada: Dpto. de Diseño Gráfico Exlibric

Iª edición

Editado por: ExLibric
c/ Cueva de Viera, 2, Local 3
Centro Negocios CADI
29200 Antequera (Málaga)
Teléfono: 952 70 60 04
Fax: 952 84 55 03
Correo electrónico: exlibric@exlibric.com
Internet: www.exlibric.com

ISBN: 978-84-19269-64-5
Depósito Legal: MA 897-2022

Nota de la editorial: ExLibric pertenece a Innovación y Cualificación S. L.

ALICIA GINER CASINO

EL TORO BRAVO

SAVIA DEL ÁRBOL DE ESPAÑA

A mis mentores dentro del mundo taurino, mis tíos Julián Muñoz Alonso, mayoral, y su esposa, mi querida tía Charo Muñoz Paniagua, familia por verdaderos amores. Gracias, tíos.

A mi abuelo Ricardo Casino García y a su sobrino, mi tío Bernardino Guaita Casino. Vosotros inyectasteis en mis venas el amor por el cultivo de las tierras del secano.

A mi gran amigo Marco Navarro Latorre, presidente de la Asociación Cultural Taurina Colla Cerril. Gracias por mostrarme la grandeza del toro bravo, a la altura de la lucha contra el fuego. ¡Clamando Valencia!

A los facultativos del Hospital Clínico de Valencia, por ayudarme a lidiar el toro más fiero y bravo de mi vida. Al cáncer le he pegado un estoconazo perfecto. ¡Gracias!

Valencia, mayo de 2022

Prólogo

Cuando recibí la llamada de mi amigo Chimo Morales, buen aficionado taurino y con el que comparto no solo nuestra afición por la tauromaquia, sino también por el paisanaje del Madrid en el que nacimos, para que ayudara a su amiga Alicia Giner Casino en su andadura por tierras alicantinas presentando su primer libro dedicado al tema taurino *Entre flores, sangre y arena,* no pensé que iniciaría una relación literaria tan intensamente dedicada a la tauromaquia y, más concretamente, a la defensa del animal totémico más representativo de nuestra fauna, como es el toro bravo, el rey de las más de 500 000 hectáreas de dehesa que los españoles disfrutamos en nuestro suelo patrio. Un animal único, en riesgo de extinción si el animalismo que nos invade y ataca sin conocimiento de causa consiguiera el fin que persigue, provocando la desaparición de los espectáculos taurinos y, consecuentemente, del principal protagonista, el toro bravo, el toro de lidia.

Alicia Giner, una dama embebida en investigación eclesiástica y gran conocedora del derecho canónico, es una valenciana de pura cepa; su padre nació en la huerta valenciana y su madre en Villargordo del Cabriel, ese pueblo cuyo entorno disfruta de una naturaleza viva que le confiere las Hoces del Cabriel, bañadas por el río Júcar y el pantano de Contreras. Alicia, a pesar de que su progenitor era un entusiasta aficionado con abono en el coso de Monleón durante muchos años, vivía de espaldas a todo lo que se pudiera referir al espectáculo taurino. Amante del mundo animal, a su padre le reprochaba, sin acritud de ningún tipo, el que le pudiera gustar un espectáculo en el que se mataban animales.

Pero según sus propias palabras, siempre escuchaba con atención, aunque no compartía, las explicaciones que su padre vertía sobre ella para que comprendiera lo que era y suponía el toro de lidia en nuestro solar hispánico.

Pero la vida da muchas vueltas y los destinos inescrutables a los que a veces nos vemos avocados nos llevan a situaciones en las que nuestros pensamientos, costumbres o razonamientos cambian y nos hacen comprender de otra manera aquello que nosotros veíamos de un color distinto al que verdaderamente tenía. Así fue como la autora de este libro cambió de opinión, cuando circunstancialmente y en plena calle, como consecuencia de un episodio que afectaba a su salud, en su vida se cruzó, ayudándola en tan crítico momento, Francisco de Borja Muñoz, hombre vinculado profesionalmente al toro de lidia por su trabajo en las ganaderías de Monteverde y Manuel Gimeno, además de ejercer profesionalmente como picador, el cual la introdujo de forma casual en el mundo del toro, permitiéndole ver y conocer cómo nace, se cría y cuida al toro bravo para el fin que fue creado, por su instinto y naturaleza, ese mundo que tanto criticaba y al que tanto amor tenía su padre.

La autora de esta obra literaria que usted, querido lector, se dispone a leer es la segunda que dedicada al mundo del toro escribe Alicia Giner, con una vehemencia que denota el cariño con el que ha entrado en ese mundo que tantas controversias le creó y del que tantas veces discutía, el mundo del toro bravo, animal que desde tiempos inmemoriales pasta en nuestras dehesas y que de alguna manera forma parte del ADN de España y de nuestra historia desde el siglo XII, en que se dieron las primeras corridas de toros.

Si su primera obra, *Entre flores, sangre y arena,* constituyó el reconocimiento de un mundo para ella totalmente desconocido que la enamoró, este su segundo libro sobre el tema taurino, *El toro bravo, savia del árbol de España,* está escrito con una fuerza narrativa que introduce al lector en primera persona en ese mundo subyugante de todo lo que rodea al toro bravo, con una descripción pormenorizada de lo que es y supone este hermoso animal desde que nace hasta que se lidia gallardamente en la plaza, frente al hombre con el que se cruza su destino de gloria y muerte, porque como dice el poeta José Bergamín: «Ni el torero mata al toro / ni el toro mata al torero. / Los dos se juegan la vida / al mismo azaroso juego».

Si hasta el fallecimiento de su progenitor se declaró antitaurina, ahora al cabo del tiempo, en que hizo todo lo posible por conocer lo que motivó tantas discusiones con su padre, se declara una «antitaurina conversa» enamorada de todo lo que entraña la tauromaquia, nuestras costumbres y tradiciones. En una palabra, nuestra cultura. Las cada vez más numerosas organizaciones animalistas parecen tener sus mentes castradas y hacen declaraciones que deberían preocupar muy de verdad a cuantos, además de gustar todo lo relacionado con la tauromaquia, también somos amantes de los animales, sin llegar a anteponer el valor de un ser humano al de un animal, como ellos hacen. Gritan e insultan, pero son incapaces de comprenderlo.

Quieren acabar con la fiesta nacional y son tan ignorantes que desconocen o no quieren reconocer que grandes prohombres de la cultura española veneraban y bendecían esta fiesta tan nuestra, la fiesta del pueblo, la fiesta de todos. Pero no podrán. Rafael Alberti ya lo cantaba así: «¡Qué inmortal corrida extraña! / El negro toro de España / libre al sol del redondel. Que nada puedo doblarlo, / que nada puedo matarlo / porque toda España es él».

Alicia Giner Casino es un activo que tiene la tauromaquia que debería verse apoyado por el taurinismo andante, ya que no es frecuente encontrarse con personas que con tanto fervor y entusiasmo dediquen y empleen todo su tiempo y cariño en defender la fiesta nacional y el mundo del toro de lidia como ella lo hace. ¡¡Gracias, Alicia!!

José María Jericó Serrano,
presidente de la tertulia taurina Amigos de Nimes

1

Entre flores, sangre y arena

En mujeres como yo, Valencia brota en esplendor. Por mis venas corre tierra de la huerta valenciana, la uva, el aceite de oliva virgen tersan mi sangre y el solano del secano más valenciano la hace correr con fuerza. ¡Soy del vergel más bonito de España! ¡Soy valenciana! Tengo cuarenta y ocho años, soy una dama sensible, cariñosa, razonable, respetuosa, gozo buceando en mi historia, es férreo el lazo establecido con la misma, todo lo cual es consecuencia de la educación impartida por mi progenitor. ¡Fue un gran hombre! Mi padre jamás me negó una explicación, la tenacidad y el esfuerzo fueron dos constantes en su biografía.

Sació mis ansias de saber con apologías plagadas de amor, pues brotaban del corazón, estaban cargadas de razón, corroboradas por hechos fácticos, y eran transmitidas con verdadera pasión. Yo tenía cuarenta y cuatro años cuando Dios Padre lo llamó a su lado, hundiéndome en un lago de penas, vivencias y buenos recuerdos.

Esta noche se presenta en el Casino de Agricultura, un centro social situado en la calle Comedias, punto muy céntrico en mi amada ciudad, la bella Valencia, mi última creación literaria, *Entre flores, sangre y arena*. Descansando para poder estar en plena potestad de mis facultades, rememoro los muchos motivos por los cuales me convertí en «una princesa entre pitones». Mi progenitor fue mi mentor, mi referente, mi mejor amigo, simplemente un constante compañero de fatigas, un bastón donde apoyarme en los malos momentos y el ser más feliz degustando conmigo los buenos. ¡Jamás saldrá de mi corazón! Siempre estuve y me sigo sintiendo muy unida a mi padre.

La única divergencia de opiniones habida con mi antecesor desde mis primeras preguntas y ansias de conocimiento fue el toro bravo. Él era un amante de la lidia, del toro en la calle, del toro embolado; a mí me apasiona el mundo animal, siempre respeté su afición, pero no la comprendía. En mi cabeza y mi corazón no cabía la posibilidad de gozar con una corrida de toros, ni prendiendo en fuego los pitones de los mismos, pero a pesar de sus explicaciones jamás lo entendí, aunque, por supuesto, respeté sus inclinaciones y escuché atentamente las aclaraciones ante las dudas planteadas por mí, siempre positivas hacia la fiesta nacional. El diálogo entre los dos siempre era igual:

—¡No lo entiendo, papá! ¡No lo entiendo! ¿Cómo puedes disfrutar con eso? ¡Pobrecito!

—¿Cómo «pobrecito»? Hija, el toro bravo nace para eso. Está cuidado como un marqués. Una vez terminen las fiestas taurinas, el toro bravo se acaba, Alicia. ¿Quién lo va a cuidar? ¿No lo ves?

Pero yo no lo asimilaba. En aquellos tiempos, en los cuales retransmitir una corrida de toros no era un delito, solo era capaz de percatarme de la sangre del animal y, por supuesto, ante la cogida de un banderillero, un picador o un torero se me encogía el corazón, aunque no veía arte alguno ni cultura en ello, no era consciente de la magnitud de la tauromaquia.

El cambio se produjo a raíz de una tragedia. El 9 de julio del año 2016, el maestro Víctor Barrio perdió la vida en la plaza de toros de Teruel durante los festejos de la Feria del Ángel a consecuencia de una cornada en el tórax, ¡con tan solo veintinueve años! ¡Una desgracia tremenda! España entera se conmocionó ante el drama. La Casa Real, políticos y personajes importantes del mundo de la cultura inmediatamente presentaron sus condolencias a la familia. Informativos nacionales y extranjeros hacían eco de la noticia. Víctor Barrio se convirtió en el primer torero en perder la vida en una plaza de toros española en el siglo XXI.

Pero para mi sorpresa, ¡hubo quien se alegró de la muerte del maestro! ¡Algo incomprensible! A mi humilde juicio, una cosa es no entender o no gustarte los entresijos de la fiesta nacional, pero ¿alegrarte de la muerte de un ser humano? Eso es consecuencia de carecer de valores y educación, conductas repulsivas destinadas a incrementar el dolor de personas hundidas por la muerte de un ser querido. ¡Por Dios!

En aquel entonces, yo me encontraba recuperándome de una operación provocada por una malformación vascular cerebral, angiomas cavernosos. El neurocirujano me aconsejó reposo vespertino durante un tiempo y, ante eso, las redes sociales fueron entretenimiento y conocimiento de los nefastos criterios existentes en determinados sectores de la sociedad. En uno de mis garbeos internáuticos por las mismas, me tropecé con las declaraciones de un diplomado en Magisterio, en las cuales este sádico manifestaba su alegría ante la muerte del maestro.

Os lo reconozco, ¡monté en cólera! Y más al darme cuenta de la cantidad de despiadados en pleno acuerdo con este inhumano, quienes para más inri, comparaban la muerte del matador con la del banderillero valenciano Manolo Montoliu. Sin querer evitarlo, la ira me invadió, acometí con clase y estilo, dando razones claras con consecuencias transparentes, como: «Manolo Montoliu muere de esa manera porque fue un hombre valiente. ¿Quién es capaz de ponerse cara a cara con un toro? ¿Quién es competente de enfrentarse de igual a igual con un animal de esas características? ¡Un señor intrépido, osado!».

No consiento insultos a difuntos, me enerva la falta de respeto a quien se ha marchado. Cada tarde continuaba con tesón, esfuerzo y ahínco, poniendo alma y corazón en la defensa del buen nombre de toreros, banderilleros… ¿Poner la vida de un animal por delante de la de una persona? ¡Es de ser cruel, sanguinario y antropófago! ¡Carecen de respeto! A esos maleducados es sencillo torearlos. El móvil se convirtió en mi capote, las letras en mi muleta y mis razonamientos fueron el más afilado estoque para dejar en su sitio a tanto fantasma.

Mi padre sigue a mi lado y Dios está aquí, los hechos me lo demostraron. En una de mis batallas contra esa plaga de escorpiones, apareció en escena un señor encantador alabando mis razonamientos, quien solicitó mi amistad. Su nombre era Julián Muñoz Alonso, y en la portada de su página en Facebook relucía como el sol una manada de astados felices en el campo. Se la concedí, acto preludio de una sonatina de conocimientos, cariño entrañable…, pues comenzó una conversación del todo inolvidable:

—Es un placer poder saludarte. Te gustan los toros, ¿eh?

—No —le contesté envuelta en una sonrisa un poco satírica—, pero no pongo un animal por delante de una persona, ni me alegro de la muerte de un ser humano.

—Pues les has hablado muy bien, sin insultar a nadie y muy clarito. Yo soy mayoral.

—Discúlpeme, no sé quién es un mayoral, desconozco cuál es su cometido.

—Un mayoral es el máximo responsable de una ganadería, quien está a cargo de los animales.

—¡Aaah, es curioso! Lo ignoraba.

—El toro bravo vive en libertad y cuidado como un marqués. ¡Su carne está deliciosa!

—¿La carne del toro de lidia se come? —le pregunté sorprendida—. Ese dato también lo desconocía.

—Por supuesto, es un manjar. ¿No lo sabías?

—No. A mi padre le encantaban los toros, pero nunca despertaron el más mínimo interés en mí. Cuando el papá se ponía a hablar de la fiesta nacional, simplemente mi mente apagaba el interruptor. En cuarenta y cuatro años mi progenitor y yo solo tuvimos esa divergencia de opiniones.

—A lo mejor no estás juzgando el toro bravo adecuadamente.

—¡Bueno! —le contesté con una sonrisa un poco escéptica, pensando para mis adentros: «Si mi padre no consiguió convencerme, lo tiene usted muy difícil».

Y las conversaciones continuaron…

Llegaron las Fallas. Julián, su esposa, Charo, y su hijo pequeño Borja, picador, vinieron a Valencia con motivo de la feria de toros. ¡Un encuentro inolvidable! En la plaza de toros me presentaron a Manolo Gimeno, ganadero, y mi mente jamás relegará mis primeros capotazos, pues extasiada observé la belleza, fortaleza y realeza del toro bravo en magnitud.

¡Siempre recordaré mi primera corrida de toros! Esa cascada de colores, ese baile entre animal y matador, las explicaciones constantes de mi mayoral ante las preguntas formuladas o los gestos de mi cara ante determinadas acciones. Cada acto hacia el toro tenía una causa, y me lo explicó sin dudarlo.

Al día siguiente los invité a comer en mi hogar. Como buena valenciana, una paella acompañó la conversación más nutriente, intelectualmente hablando, pues cuestiones como el porqué de la puya, las banderillas, cuidados referidos hacia el toro… acompañaron el manjar más valenciano.

Previamente al banquete, una mascletá se disparó debajo de mi casa. Junto a mi marido y mis hijos, gozaron del ritmo establecido por el pirotécnico entre mascléts, carretillas, cohetes…, en esa gala de fuego y cadencia. Charo comentó:

—Te hemos fastidiado la mascletá. ¡Es impresionante! ¡Menudo estruendo!

—No te preocupes. No tengo ganas de fiesta —le dije con los ojos cristalinos, pues las lágrimas afloraban en ellos recordando la defunción de mi progenitor—, este año no me apetecen las Fallas.

—¡Ven unos días a Salamanca!

—Bueno…, vale —respondí tras mirar a mi cónyuge con una mirada expresiva de pregunta buscando su anuencia.

Preparé la maleta e iniciamos el rumbo hacia esas preciosas tierras. Jamás olvidaré esos días en el Campo Charro, la hermosa dehesa donde el rey es el toro bravo. Cómo gocé de la magnitud y los estrictos cuidados proferidos al animal. Mi impresión al descubrir las reatas, los cuidados proferidos al astado, la emoción candente en el aire durante el tentadero y el amor de mayoral, vaqueros, ganaderos, matadores, picadores…, proferido sin medida alguna, pues someten su vida a las necesidades del mismo, poniendo en ocasiones incluso en riesgo la suya. En otro orden de cosas, la tauromaquia es historia de España. ¡Algo innegable! La boda de los Reyes Católicos se celebran con una corrida de toros, el rejoneo empieza en España a finales de la Edad Media…

La fiesta nacional es el DNI de España, como muchas veces dice mi mayoral.

Y de nuevo vuelvo a someterme a sus reflexiones dándole la razón sin remedio, pues la tenía. Estaba juzgando el toro bravo sin los debidos criterios, y al descubrir sus misterios, me ha enamorado. Es mucho lo que me ha regalado, algo tan valioso como toneladas del amor más entrañable. Actualmente clamo orgullosa al Levante: ¡tengo una familia por amor al toro!

Mi mayoral es hoy en día mi tío Julián, y junto a su amada esposa, quien ya es mi tía Charo, favorecen mis reflexiones sobre todo lo concerniente a la fiesta nacional, me ayudan a percatarme de todo lo bueno que reporta el toro bravo a España, y no es poco, os lo aseguro.

Álvaro de la Calle, Alfonso Casado, matadores, y Borja Muñoz, picador, se han convertido en los hermanos varones que no me dio la biología y responden felices a ese denominativo tan valenciano, «tete», referido a alguien a quien te une el cariño más entrañable. Son tres caballeros, corteses, galantes y sinceros, incapaces de simular en cualquier cauce ese «te quiero», y lo profieren de corazón.

Todo lo anteriormente enumerado me llevó a escribir *Entre flores, sangre y arena*, un acto de amor hacia el toro y la gente vinculada al mismo, reconociendo mi error, pues en la actualidad soy una antitaurina conversa. Hoy es el gran día, se presenta en mi tierra, la bella Valencia.

El timbre de la puerta me saca de este estado de calma y distensión. La voz de mi amigo Juan Pérez, novillero, saludando a mi hija, me hace percatarme de la hora del día aconteciente en el momento. ¡Son las cinco de la tarde! Decido dejar la habitación, abandonar el sosiego de la soledad para gozar de su abrazo y del cariño de Anaís, su primogénita, una peluquera cualificada al extremo, empática, capaz de entender mis deseos en cuanto a la estética precisada para poder explicar delante de público y periodistas de distintos medios de comunicación los muchos motivos a consecuencia de los cuales defiendo a capa y espada la fiesta nacional.

Al llegar al comedor consigo el fin de mi intención. Mi novillero favorito y yo nos saludamos cariñosamente; en un día tan especial, es muy importante tenerlo a mi lado y presentarle a esos tíos regalo de ese guardián de la dehesa, un sueño hecho realidad. Tras haber cumplido mi anhelo, los dejamos envueltos en la charla más taurina, y Anaís y yo nos encaminamos hacia la habitación; debo arreglarme para estar a la altura de las circunstancias. No soy muy hábil en temas de estética, con lo cual ponerme en sus manos es entrar en un Mediterráneo en poniente, lo que me va a permitir darme el baño más seguro y relajante envuelta en preguntas diversas cuando, en algo más de un par de horas, los asistentes al evento empiecen a preguntarme los motivos conductores a mi conversión.

Abrazadas nos encaminamos a mi habitación. He dejado el vestido extendido encima de la cama y se lo enseño, diciéndole:

—¿Qué te parece, cariño?

—Es precioso, tía. Vas a estar muy guapa.

Mientras sonrío feliz al escuchar las alabanzas de mi sobrina por mi elección, me siento en el sillón situado al lado de la ventana para dejarla trabajar a su libre albedrío. Es una profesional cualificada, una enamorada de la estética, no puedo estar en mejores manos.

—Tía, primero te voy a peinar, después te maquillo.

—Tú verás lo que haces, tesoro. Al César lo que es del César.

—A mí no me gustan los toros, tía. No entiendo cómo disfrutáis con eso, me da pena.

—Bueno, cariño —le digo, mientras cautelosamente trabaja los rizos de mi melena—, cuando yo era como tú me pasaba lo mismo, y ahora mira, he cambiado de opinión de manera radical. Es un mundo arrebatador.

Y sigue rodeando mi espalda, jugando con esos bucles definidos de manera magna con esa tenacilla, para dejarlos caer sobre mis hombros elegantes y femeninos, simplemente como corresponde a una dama dispuesta a enarbolarse como defensora a ultranza de la tauromaquia delante de quien sea, pues una parte de la sociedad se ha propuesto tirar al fango los entresijos del mundo taurino, y no es justo.

—Anaís, cariño, el toro bravo es parte del país y eso es algo innegable. Todo lo que reporta a España la fiesta es positivo, hay mucha gente dependiente del mismo y, además, someten su vida a las necesidades del animal. Pero, claro, para entender todo eso hay que escuchar.

—Pero a mí no me agrada, tía.

—Pues no vayas, mi amor, yo lo respeto. Ahora, eso sí, no aguanto insultos a ningún amante de la tauromaquia o de la caza. ¡Esa irreverencia me pone enferma! A mi padre le encantaban los toros y cuando asistía a una corrida, mi deseo siempre era el mismo: «Pásalo muy bien».

Arropadas en la conversación más nutriente, el hada de las tijeras termina su trabajo, culminando su esfuerzo con un maquillaje simplemente magno, pues es capaz de esconder con su destreza las imperfecciones en mi rostro por el paso de los años y las penas vividas en estos últimos. Tras vestirme me miro al espejo, gozando de los resultados de su trabajo, y le doy las gracias con ardor.

Emprendemos camino hacia el Casino de Agricultura. Son las seis de la tarde, el acto empieza a las ocho. Hemos decidido irnos paseando, hace buen tiempo, de esa manera el tío Julián y la tía Charo gozarán la belleza de mi ciudad, y tenemos algo más de una hora de camino. Recorremos la avenida del Puerto hablando animadamente, la tía y yo nos vamos parando en diferentes escaparates charlando acerca de los productos tan sugerentes, relucientes en los mismos, lo cual aplaca algo mi inquietud. Deseo salir por la puerta grande esta tarde.

Cruzamos la avenida de mi antepasado, Cardenal Benlloch, y sin prisa llegamos al antiguo cauce del río Turia, hoy convertido en un precioso jardín. Mi marido les narra a nuestros queridos acompañantes el desastre provocado por esa gran riada acontecida en Valencia en el año 1957, hecatombe debida a las grandes lluvias torrenciales, motivo del desvío del río por el denominado Plan Sur, a causa de lo cual se recuperó para la ciudad este pulmón natural. Tras cruzar el Puente de Aragón, sobrepasamos la plaza de América, la avenida Navarro Reverter hasta llegar a la Glorieta y desde allí enfilamos esa histórica calle de la Paz, presidida por la hermosa torre barroca de la iglesia de Santa Catalina. En la calle Comedias nos espera Juan, en la puerta del local, quien pasa su brazo por encima de mis hombros sonriendo cariñosamente:

—¡Qué chica tan guapa! ¿Estás nerviosa?

—No, ¡ni mucho menos! Estoy emocionada. *Entre flores, sangre y arena* me ha reportado conocimientos, amor... Simplemente, deseo estar a la altura de las circunstancias, dejar muy claro todo lo bueno que reporta el toro bravo a España y los muchos motivos por los cuales me declaro a bombo y platillo una antitaurina conversa y amante de la tauromaquia.

El tío Julián toma mi mano diciéndome con una sonrisa espejo de cariño y picardía, conoce mi manera de ser y sabe sobradamente cuál va a ser mi reacción:

—Ali, mira quién está preguntando por la autora de la novela.

Me giro buscando la persona solicitante de mi presencia, convencida de la concurrencia de algún periodista o trabajador del mundo bovino, y mi rostro se ilumina feliz, pues el maestro Alfonso Casado está aquí. Ambos nos fundimos en un abrazo acompañado de ese «¡tete! ¡Mi Ali!» tan nuestro. Todos juntos entramos en la sala acompañados por el conserje. No me cabe duda alguna, la charla entre nosotros será agradable, cariñosa, distendida y enriquecedora, pero al entrar en el recinto algo llama poderosamente mi atención: un piano de cola blanco reluce al lado de las ventanas. Tras dejar el bolso y la chaqueta en la mesa, me aproximo curiosa al instrumento magno. Mi juventud la ocupó el estudio de las leyes alternadas con la digitación en el marfil más suave y armonioso; me encanta la música lírica, clásica, gozo la ópera. Sin querer evitarlo, me siento para jugar con el poder de unos acordes y la belleza mágica de algunos arpegios recordados por tantas horas de práctica en mis años de adolescencia. La música, no hay lenguaje más selecto…

—¡Vaya pianista! No me habías contado nunca que tocabas el piano.

De nuevo mi rostro se ilumina, pleno de emoción, felicidad. José María Jericó y Chimo Morales, licenciado en Derecho muy amigo mío, presidente de la Asociación de Abonados y Aficionados Taurinos en Valencia (Asabaf) y vocal taurino en De Tinto y Oro, denominativo clamando España, ya han llegado; otro regalo del animal más hermoso. El primero va a ser el hilo conductor del acto.

José María Jericó nació en Madrid, en el domicilio familiar, sito en la plaza Mayor de la capital del país. Desde muy joven estuvo unido al mundo del toro bravo, pues en su familia fueron amantes de la fiesta. Creció conociendo el poder del capote, de la muleta, la magia de la verónica, lo embaucador de esas preciosas reboleras o la elegancia de los naturales... Su vida profesional estuvo dirigida a la industria farmacéutica, ejerció labores de dirección con tenacidad y esfuerzo. En el año 1984, se trasladó a vivir a Alicante y sorprendido ante la falta de amor hacia la res más valiente, en Radio Alicante participó diez años en el programa *El mundo de los toros*, dirigido por el popular periodista Vicente Hipólito. Ha sido corresponsal en distintos medios de comunicación, ha escrito numerosos artículos referentes al tema e impartido conferencias en diferentes foros taurinos; de hecho, es presidente de la tertulia taurina Amigos de Nimes. Quien ya es mi tío José María es un hombre coherente, íntegro, el amor por la fiesta es un sentimiento siempre latente en su persona, por eso soy plenamente consciente de algo: está orgulloso de presentar mi obra, pues alaba mi esfuerzo constantemente y es real el cariño entrañable hacia quien ya es su Ali.

Al iniciar las correspondientes presentaciones, entra en escena Carlos Puertas; de nuevo una alegría tremenda, no lo esperaba. Mi buen amigo es empresario taurino, apoderado de toreros, un apasionado del mundo de la tauromaquia y firmemente defensor de sus valores. Sus viajes por diferentes lugares de España son constantes. LHV es una compañía de organización de eventos taurinos, apoderamiento e, incluso, difusión cultural en los entresijos de los mismos. La primera presentación de mi libro se celebró en esa cuna del vino, el bello Utiel. Jamás olvidaré la reacción de mi caballero cuando, tras hacerle llegar mi trabajo, me invitó sin resquemor alguno a impartir una charla sobre mi ópera prima. Me emociona incluso pensarlo, sus palabras fueron:

—Alicia, el ruedo es tuyo.

—¿Cuánto me va a costar? —En plazas de otros lugares valencianos me habían pedido dinero por celebrar este evento en defensa de la fiesta.

—¡Nada! ¿Qué te va a costar? Venir a Utiel. Es más, incluso os invitamos a cenar. Has hecho un trabajo precioso y España debe conocer el porqué de tu cambio de opinión. Con estas letras le has hecho mucho bien a la fiesta, hace poco de su publicación, ni tú eres consciente de cuánto.

Fue una tarde preciosa, a la vez inolvidable. Envuelta en las verónicas locuaces más armoniosas, recibimos al padre Jaime Sancho, rector de la Real Basílica de la Virgen de los Desamparados. Su presencia es una constante en mi vida desde los diecinueve años, un verdadero padre espiritual, quien ha fomentado mi narrativa, mi amor por la historia y las ansias proferidas por mi persona en sus distintas áreas. Me siento segura a su lado, es un honor su asistencia al acto.

Poco a poco va entrando gente en la sala, se presentan enviados de diferentes medios de comunicación, van llegando diferentes asistentes al evento, y a las ocho en punto de la tarde, como habíamos prometido, comienza la presentación de mi novela.

José María Jericó da paso al padre Sancho tras explicar previamente la belleza de mi esfuerzo, además de la certeza convertida en realeza por el reconocimiento de un error en una victoria, provocando como resultado unas letras maravillosas y cargadas de amor, ¡las mías! En un momento social en el cual al amante de la tauromaquia gran parte de la sociedad ni siquiera lo respeta, habla de mi cambio, dando los primeros pases en esos años de mi biografía, haciendo ver mi disparidad de opiniones durante cuarenta y cuatro años con mi progenitor hasta cuando Dios me puso en el camino a mi mentor dentro del mundo taurino, Julián Muñoz Alonso, mayoral, y él a su vez me presentó sin resquemor alguno a su esposa, Rosario Muñoz, a su hijo Borja, a Alfonso Casado, Álvaro de la Calle…, personas básicas y fundamentales en mi conversión. Tras esa pequeña introducción, le cede la palabra al padre Jaime Sancho, canónigo de la catedral de Valencia y rector de la Real Basílica de la Virgen de los Desamparados.

D. Jaime comienza su locución agradeciendo su asistencia a todos los presentes y, muy especialmente, a esas personas vinculadas al mundo taurino a quienes me unen lazos del cariño más entrañable. Explica de manera magna el argumento de mi trabajo. *Entre flores, sangre y arena* es una autobiografía donde narro mi primer encuentro en firme con la res, y en diversos escenarios, en la plaza, tentaderos, novilladas, en el campo, las dehesas… Habla de los diferentes diálogos mantenidos con distintas personas, ganaderos, matadores, picadores, mayorales o familiares de todos ellos. Y mi rostro esboza la sonrisa más tierna al escucharlo alabar mi narrativa, pues sus palabras son:

—Es atrayente, se lee muy seguido. No es una apología de los toros ni un tratado de los mismos, es otra cosa. Una persona se acerca a esa realidad, va avanzando en sus conocimientos, y es interesante.

A continuación, José María le cede la palabra a Alfonso Casado, matador de toros, tras dar un paseo por su biografía, pues él tomó la alternativa en el año 2003, en Gerona, y a consecuencia de una grave cornada, la cual le dejó secuelas de importancia, se vio obligado a retirarse en el año 2009; jamás olvidará esa última corrida en la Monumental de Barcelona. En la actualidad es director de la Escuela Taurina en la preciosa Ciudad Condal. José María le pregunta:

—¿Qué sentimientos tienes como profesional taurino ante la situación respecto a la tauromaquia en Cataluña?

—Dicen que el mundo del toro está muerto —explica mi tete con un gesto de pena en su rostro—. Sin embargo, a la vista está hay muchos críos con el deseo de ser toreros en el corazón y de conocer los misterios del mundo del toro, luego no es así. Es cierto el continuo acoso y derribo al cual estamos sometidos. Si lo consiguen destruir será irrecuperable, el toro bravo es cultura, pues no conlleva solamente saber lidiar, hay un protocolo, unas reglas y unas formas a seguir, además, sin lugar a dudas, de una historia a conocer. ¡El toro bravo es cultura!

Prosigue su locución hablando del enorme esfuerzo proferido por diferentes personajes relacionados con la tauromaquia catalana para poder mantener esa Escuela Taurina dirigida por él con alegría y orgullo. La sala estalla en aplausos reconociendo su tesón.

Y el acto continúa, pues mi querido tío periodista pregunta a Julián Muñoz Alonso, mayoral, mi mentor dentro del mundo taurino:

—¿Cómo se produjo ese cambio en Alicia? ¿Qué le explicaste?

—Pues simplemente la verdad, y fue sencillo. Ella tuvo a bien escuchar, se desprendió de prejuicios, comparó y cambió de opinión.

Y se inicia un diálogo entre los tres, no puedo evitar intervenir, comentándole:

—Tío, me lo hiciste ver muy fácilmente, todo me lo mostraste, a nada me contestaste «porque sí».

—Sí, pero tú escuchaste, no te limitaste a oír. Por eso viste nacer al Morrut o tocaste al Meloso, participaste en el herradero... Con una persona como mi querida Ali es sencillo, es abierta de mente, responde positivamente a las explicaciones demostradas con hechos y bien argumentadas. Al mismo tiempo, le encantan los animales, es una mujer enamorada de la letra, la historia, y cuando ha buceado en el tema se ha extasiado descubriendo los misterios de la tauromaquia. Os confieso lo mucho gozado mientras le mostraba los motivos por los cuales la fiesta debe seguir hacia delante, debemos combatir por ella.

—Sin lugar a dudas —contesto con una sonrisa—, cuando yo era pequeña nos hacían estudiar Sociales diciendo: «La península ibérica tiene la forma de una piel de toro extendida». Si ahora dices eso, te tachan de psicópata. Os prometo que no entiendo nada.

Esta última intervención mía da lugar a un turno de preguntas de diferentes asistentes al acto, comenzando por un animalista:

—O sea, tú disfrutas maltratando a un animal, ¡haciendo que se desangre!, ¡torturándolo!

—Buenas tardes. Mira, no te juzgo, yo pensaba lo mismo que tú, pero me han demostrado con hechos algo: ¡no hay nada más lejos del maltrato animal! ¿Sabes lo que son unos crotales, unas reatas…? ¿A qué cuidados está sometido el toro bravo?

—No, desconozco esos términos, pero estoy en contra del maltrato animal.

—Mira, unas reatas son el árbol genealógico del toro; cuando nace un becerro saben hasta las características guardadas por los antepasados del mismo. Los crotales son los pendientes que se ponen al animal cuando nace, con lo cual siempre está controlado. Y en la lidia, al animal se le maltrata tanto que como lo indulten, a las cuarenta y ocho horas ya vuela por el campo y ¡ese toro jamás vuelve a los ruedos!

—¿Pero lo matáis?

—Vamos a ver, te repito algo: yo pensaba lo mismo que tú, pero el toro bravo es un animal de combate, no un animal fiero. Si a un león le plantas cara, a la primera, a la segunda… te sacará la zarpa, pero en cuanto se canse se va a ir. Ahora te pregunto algo: ¿qué hace un toro cuando lo pican? ¡Embiste y mete riñones, lucha, pelea…! Yo los vi en la dehesa batallando entre ellos, hay un jefe de la manada, y no veas para separarlos cómo nos las vimos. O cuando por la noche se escapó un ejemplar, las técnicas empleadas para volver a llevarlo a la ganadería sin hacerle daño alguno fueron espectaculares. No hay nada más lejos del maltrato animal.

—Sois asesinos de animales, no habéis evolucionado.

—Eso no te lo consiento, hablas desde el desconocimiento total. Si no te gustan los toros, yo lo acepto y respeto, pero exijo quid pro quo hacia mi persona. El trabajador del toro bravo supedita su vida a las necesidades del animal y este muere en el ruedo a los pocos segundos de haberle clavado el estoque. Además, es un manjar exquisito. Si acabasen las fiestas taurinas, el toro bravo desaparecería por una sencilla razón: nadie lo va a cuidar. Es un animal caro de mantener.

—Yo no como carne ni pescado. ¡No soy ningún caníbal!

—Vamos a ver, quienes comemos carne y pescado somos amantes de nuestra vida y escuchamos al doctor. Los médicos están hartos de explicar que la alimentación humana debe ser completa y variada. Por otra parte, las patatas, las lechugas, los tomates… también son seres vivos, y con el puñetero coronavirus pululando por el aire, ¿es el momento de jugar con las defensas que aportamos al cuerpo? Francamente, creo que no.

Y la sala estalla en aplausos ante la claridad de mis razonamientos, apoyados por el silencio de mis acompañantes en el escenario; quien calla otorga. El periodista implicado se levanta y se va. Pero en ese momento, otro profesional de la comunicación se levanta para apoyar con otra pregunta a su colega:

—¿Luego respaldas la muerte del animal? ¿Qué te parece la decisión tomada en Portugal, donde no matan los toros en el ruedo?

—Vamos a ver, si acaban las fiestas taurinas, el toro bravo desaparece; es un animal caro de criar, no tiene mucha carne, no es su fin. La medida tomada en Portugal me parece una verdadera barbarie. A ver, cuando el toro sale al ruedo, entra en el mismo corriendo, pues está acostumbrado a vivir en el campo y busca por dónde salir. Al morir, lo hace luchando, batallando… No se percata del final y, cuando llega, en segundos está en el suelo. Las heridas provocadas por la puya o las banderillas son leves, están calientes y apenas le duelen. A día de hoy —y quiero que quede muy claro es una opinión personal—, me atrevo a decir sin temor alguno a equivocarme en el ruedo el toro no se da cuenta de su fin, mientras que si va al matadero, huele la sangre y la extrañeza de la situación. Nada más lejos del maltrato animal. Es más, me remito a los hechos constatados con ayuda de mis mentores, el toro bravo da de comer a mucha gente en España, con lo cual solo por eso se ha convertido en la fiesta nacional y es todo un arte donde la inteligencia humana domina la fuerza del animal, criado a conciencia para dotarlo de su máximo potencial.

La sala vuelve a estallar en aplausos ante la claridad de mis declaraciones, apoyadas con satisfacción por las justificaciones de mis contertulios.

—El toro bravo debe seguir adelante, y desde este mismo momento me enarbolo como defensora a ultranza de cualquier motivo reivindicativo de su existencia —hago saber al público emocionada.

Ante mis palabras, Marco Navarro, buen amigo mío y enamorado del toro en la calle, me pregunta:

—En tu novela hay un capítulo dedicado al toro en la calle, ¿te gusta? ¿Por qué lo situaste en Puzol?

—Amigo mío, como hemos comentado más de una vez, el toro en la calle no es de mis favoritos, tal vez no lo conozco lo suficiente, pero lo respeto como tal. Por otra parte, lo situé en Puzol porque me unen lazos familiares con esa preciosa localidad valenciana. Desde muy niña escuché hablar a mi padre del toro embolado en Puzol; era una deuda a cumplir para con mi gente. Valencia es una tierra muy taurina, en diferentes ámbitos, lo cual es innegable y digno de dar a conocer.

Una mano se alza entre la gente solicitando la palabra cortésmente. José María Jericó le da paso. Mi rostro responde con una sonrisa al tropezar mis ojos con los de un periodista del periódico donde aprendí a amar la prensa escrita, Las Provincias, ese diario decano de la Comunidad Valenciana. Mi padre fue jefe de rotativas del mismo, un maestro de las artes gráficas. Y este amante de la escritura lo conoció, pues llegó a trabajar con mi progenitor.

—Un título muy valenciano *Entre flores, sangre y arena*, huele a Fallas, a tierra, al arduo trabajo del labrador, desprende luz y fuerza. Anda, Alicia, explica el porqué de este precioso encabezamiento para tus bellas letras. Yo lo sé, soy conocedor de tu pasado, pero creo es interesante dar a conocer los muchos motivos de tanto amor en tu genealogía plena de valencianía.

—Vamos a ver, yo fui biznieta del dueño de uno de los huertos de flores más importantes de Valencia en la primera mitad del siglo XX, el Huerto de Vivó. Dios, en su inmensa bondad, me hizo el mejor regalo: pude conocerlo, disfrutarlo. En una de esas discusiones dialécticas con mi padre, él me explicó: «Al yayo Enrique le encantaban los toros, tenía hasta abono, asistía a corridas…». Pero no lo creí y le contesté: «¡Qué dices, papá! ¡El yayo Enrique era un sol!». Al entender el toro, me di cuenta de algo: había encontrado la revolera perfecta. Lo que narro en mi trabajo son los muchos motivos por los cuales en *Entre flores, sangre y arena* me siento una princesa. La flor reluciente en la portada es la cala, la primera que entra en España; la introduce mi bisabuelo, y yo fui la mayor de sus biznietas —respondo, mientras mi rostro esboza la sonrisa más tierna—. Es una flor ligada a mi historia.

El profesional de la comunicación vuelve a intervenir, diciendo cariñosamente:

—Amiga mía, eres sultana de la huerta valenciana y esas flores de Valencia nacieron para ti, brotaron para ti.

Mis ojos se acristalan a causa de la emoción provocada por esas palabras. En ese momento, me sorprendo y me giro bruscamente al escuchar sonar el Steinmann, ese instrumento magno habido entre nosotros. Inevitablemente, rompo a llorar plena del más entrañable sentimiento, pues Librado Pastor, el mejor pianista y compositor valenciano, nacido en el bello Buñol, una localidad de trabajadores natos, inunda la sala con esa preciosa melodía, Flores de Valencia.

Mi rey al piano estudió en Valencia hasta el séptimo curso. En aquellos años no podías terminar la carrera en España, así que no tuvo más opción para poder seguir aprendiendo y se trasladó a vivir a Francia. Allí, a los veinte años, ganó un primer premio por su destreza, el cual lo galardonó con el acceso a un teatro, donde ofreció un concierto pleno de aforo con tan solo veinte años. Ya cumpliendo con sus obligaciones como español en el servicio militar, se puso a componer para el Festival de Aranda del Duero y es espejo de algo tan llano como remitirse a los hechos, pues le canta a Federico García Lorca por ese precioso poema dedicado a Ignacio Sánchez Mejías, «A las cinco de la tarde». ¡El toro bravo es cultura! ¡Y eso lo inspiró, sin duda!

Una vez terminada la mili, se posicionó como pianista en Los Roberts, un quinteto fundado por Roberto Peralta, quien hacía volar ese bajo, con la armoniosa voz de un insigne granadino al viento, Santiago Pineda, y el mejor guitarrista, Ernesto Tecglen Torres, nacido en Ciudad Real. Mi querido Librado es autor de bandas sonoras de películas como *Mil gritos tiene la noche, Escalofríos* o *Guerra sucia*. Y no lo pone en duda, la fiesta nacional es arte y cultura.

De repente, sin poder evitarlo, otro Turia inunda mis ojos al escuchar cantar a mi tenor favorito, Ignacio Encinas Montañés, nacido en Grajal de Campos, pueblo situado en el bello León. Siento un torbellino de emoción, pues la música es el lenguaje más selecto, sale del corazón, me rodea con su afecto, pues para mí es un hermano, tanto él como su amada esposa, Ángeles Damunt, soprano retirada con la música en la sangre, nacida en la bella ciudad condal, Barcelona, y ferviente seguidora de la lidia también, a quien atisbo entre el público asistente al evento tras secar mis lágrimas. Mi querido Ignacio anega la sala con su voz, explicando maravillosamente, mientras extiende su mano para reclamar mi presencia a su vera, «flores de Valencia que brotaron para ti», poniendo entre mis brazos un precioso ramo de rosas. Es un artista en plena extensión de la palabra, ha entonado óperas de la magnitud de *Rigoletto, Tosca, Turandot*... Una larga carrera reconociendo el esfuerzo de grandes compositores de las mismas y recorriendo el mundo entero con tesón, brío y valentía. Español enamorado de la copla, la zarzuela...

Al terminar la pieza, le pide a mi pianista favorito con un gesto muy claro la continuidad del regalo de ambos. Me conocen bien, sabían con seguridad de mi llanto, por eso cogiéndome de la mano me imparte la riña más cariñosa diciéndome: «Los ojos que lloran no saben mentir, las malas mujeres no lloran así...». Y *La tabernera del puerto* arranca del público un estruendo de aplausos a su fin.

Tras abrazar a mi rey al instrumento magno y a mi tenor, agradeciéndoles su gesto del amor más entrañable, Ignacio continúa su presente diciéndome:

—Ali, mi teta querida, eres pasional, pero al tiempo real no te embaucas en nada banal, y es cierto, el toro bravo es cultura. Además, vamos a demostrarlo, pues esta preciosa pieza, *El gato montés,* es obra del maestro Manuel Penella para halagar al más hermoso animal. Mi mujer, tu teta Ángeles, es muy consciente de la ilusión que te hace oírla cantar, así que...

Ante mi sorpresa, se gira llamando a su media naranja, quien acude presurosa a su lado para hacerme la mujer más feliz de la tierra. La adoro, es la hermana mayor que tanto añoré en momentos muy duros de mi vida. Me comprende, me ayuda y complace, por eso juntos entonan ese inolvidable dueto. Al terminar, el reconocimiento estalla en aplausos constantes, ante lo cual, sin poder evitarlo, cojo el micrófono para decirle a mi teta:

—Mil gracias, eres un ángel. Los tíos te pusieron ese nombre motivadamente.

Contesta a mi agradecimiento levantando el dedo índice mientras me recrimina de la manera más dulce:

—Ya he cantado para ti. ¡Ala, hasta que no lo has conseguido no has parado!

—¡Teta, no empieces! —le digo envuelta entre risas y lágrimas—. Llevas la música en las venas, me siento la mujer más orgullosa por tu querer, el cual me has demostrado al concederme mi deseo más preciado. ¡Tu voz para mí!

Bajo del escenario, el abrazo se hace realidad entre ambas. ¡Verdaderamente lo ansío! Ángeles es dulzura entre pentagramas, el amor lo demuestra con hechos. El flash de diferentes cámaras nos ciega mientras hablamos, y uno de los periodistas se aproxima a nosotras preguntándole:

—¿A usted también le gustan los toros?

—¡Me encantan! La fiesta nacional es un arte, eso está muy claro, y por supuesto cultura. Librado, mi marido y yo acabamos de demostrarlo con este precioso dueto de un insigne compositor valenciano, el maestro Penella. El toro bravo y la lidia lo inspiraron para componer esa magnífica ópera constante de tres actos. ¿Qué más queréis?

Sonrío orgullosa, pues la resolutividad de mi soprano favorita me arrebata, y subo a la mesa para poder empezar a firmar diferentes ejemplares. Soy feliz cuando me piden fotografías con la portada de la novela. Está gustando, a los hechos me remito.

Marco Navarro Latorre se acerca con su hijo. Les presento a mis acompañantes, y pleno de inquietud, pues desea nuestra presencia, nos invita al evento taurino que tendrá lugar durante el día de mañana en esa bella localidad valenciana, Paiporta. El tío Julián comenta lleno de ansiedad por su continuo amor al astado:

—Me encantaría, pero debemos volver a Salamanca. ¡Cuánto tiempo sin ver el toro en la calle!

—Tía —le digo girándome deseosa de su sí, pues realmente quiero disfrutar de esa jornada a su lado—, ¿qué más os da? Quedaos un par de días, así descansáis un poquito y estamos más tiempo juntos. ¡Yo en Salamanca me quedé noventa y seis horas! ¡Va!

La tía Charo pone una mano en mi mejilla sonriendo. Es empática, me conoce, y adivina mi alegría al escuchar de su boca:

—Julián, cariño, nos quedamos y lo vemos. A mí también me apetece.

—¡Bien! —clamo dando palmadas de alegría y saltos de emoción—. Además, así cuando volvamos a enfrentarnos a esta manada de falsos animalistas, tendremos más conocimientos, pues Marco nos va a invitar a observar y a enseñar EL TORO BRAVO, SULTÁN DE PAIPORTA.

2

El toro bravo, sultán de Paiporta

El mes de junio ha hecho su entrada con un sábado tranquilo, relajante, pleno de un tiempo clamante del apogeo de la primavera. El sol comienza a salir, siendo clarín anunciante de una jornada del todo inolvidable. A las siete de la mañana, Marco nos recoge a los tíos y a mí en la calle Padre Tomás de Montañana, enfrente de casa. El tío toma el asiento del copiloto, la tía y yo nos sentamos detrás, felices de iniciar el trayecto rumbo a esa bella localidad valenciana, Paiporta, y comenzamos el itinerario. Cruzamos la avenida de Francia para llegar a ese divino jardín de la cultura, la Ciudad de las Artes y las Ciencias. Marco toma la carretera dirigente a Pinedo para, *a posteriori*, conducir por la V-30 hacia Madrid. En pocos minutos, mi conductor favorito se desvía hacia Torrente, y empiezan a aparecer huertos con cultivos diversos en nuestro ángulo de visión. Tras algunos kilómetros, aparece ese sugerente cartel: «Picaña-Paiporta».

¡Final del trayecto! ¡Estamos en Paiporta! Un pueblo precioso, plagado de historia, situado al sur de Valencia, muy llano, solo surcado por un accidente geográfico, el barranco de Chiva, también llamado barranco del Poyo, el cual delimita la población. Esa divergencia entre la llaneza y el acantilado es causa de cultivos diversos. La producción de vino, aceite, con algarrobas, trigo, maíz, melones, hortalizas... es patente en estas hermosas tierras, donde se celebró una de las primeras presentaciones de *Entre flores, sangre y arena.*

Mi paiportino más querido aparca el coche a pocos metros de la plaza de Cervantes, también llamada plaza del Mercado, y gozando del aire fresco provocado por las primeras horas del día en nuestro rostro, llegamos a nuestro destino número uno, el Bar Churrería Paquito, quien me recibe con un abrazo lleno del más entrañable afecto y cariño, refrendado por otros miembros de la Asociación Cultural Taurina Colla Cerril.

El presidente de la peña, causante de la invitación más sugerente, pues ha sido un puyazo al corazón de tres personas, para quienes el amor al toro bravo es un sentimiento siempre latente, ese señor de nombre romano, mi caballero paiportino, inicia las oportunas presentaciones.

A mí ya me conocen, pero no a Julián ni a su esposa, mi querida tía Charo. El protocolo y los modales son una constante en los amantes del astado. Germán, secretario de la peña, el vicepresidente de la misma, Fran Mendoza, y Vicente Benavent, ganadero, responden con saludos plenos de efusión, formas y cariño entre querientes de ese precioso animal, el toro bravo. Nos sentamos a degustar el desayuno más tentador y exquisito. La presencia de un ganadero de toro en la calle en combinación un mayoral ostentante del cargo en el área del toro de lidia es preludio de una charla del todo inolvidable, además de digna de escuchar:

—¿Dónde tienes la ganadería? Me encantaría visitarla.

—Relativamente cerca de aquí, en Quatretonda, a unos ochenta kilómetros.

—¿Qué extensión tiene? ¿Cuántos animales la componen?

—Compañero, más o menos cuatrocientos animales y unas ochenta hanegadas.

—Criar toros solamente para las calles, ¿te es rentable?

—Sí, realmente sí. Son animales cuya esencia son los festejos populares, y los dedicamos a ello. Los cuido primorosamente, arrendarlos para el gozo de su fuerza es su fin.

Escucho atentamente, callada, esta nueva lección sobre el toro. La expansión en las diferentes áreas del rey del mundo bovino es inmensa y mi pasión por seguir aprendiendo va in crescendo, como la buena música.

—¿Qué genética exiges a los toros para llevarlos a la calle? Imagino que serán morlacos grandes y con potencia.

—Efectivamente, mi ya querido amigo. Son animales robustos, tienen cuerpo, su fuerza y su bravura deben estar en combinación con su inteligencia. No nos interesa simplemente su braveza per se, ni tampoco en exceso, la inteligencia debe primar.

—¿Te importa su forma de embestir o simplemente su fuerza?

—Son animales que humillan muy poco. Buscamos la picardía, la astucia, ante todo. Su fin no es la muerte, debe hacer su trabajo sin llegar a lesionarse; es diferente al toro de lidia, este muere en el ruedo. Algo tan sencillo como la misma raza, pero con otro objetivo, es distinto. Están en un constante aprendizaje, cada día que salen a la calle memorizan, retienen, como ganaderos, nosotros nos percatamos de ello. El paso de los años les reporta conocimientos, y eso los profesionales a su cargo lo notamos cada jornada.

Terminamos de desayunar a las 8:30 de la mañana. Un abrazo entre ganadero de toro de corro y mayoral de reses de lidia vuelve a sellar una amistad, hecho demostrable, pues sonrío satisfecha al verlos intercambiar números de teléfono mientras siguen dialogando sobre experiencias diversas vividas en años de ejercicio profesional; ambos están debidamente cualificados para ello. Sus vidas han sido forjadas a fuego lento en diferentes cauces de amor al mundo animal. ¡Simplemente, otra manera de vivir el toro! Respeto y tolerancia entre dos señores, ¡algo maravilloso!

Nos encaminamos hacia el sitio donde se va a realizar el trayecto taurino, en el polígono industrial L'Estació, al cual pertenecen las calles Maximiliano Thous y Juan XXIII, donde se celebrará el recorrido más osado, valenciano y español, ¡el nuestro!

Es mucha la faena pendiente a realizar el día de la fiesta, además de durante todo el año, con un único objetivo, gozar de la magnitud del animal y hacer ver con claridad algo: el toro bravo es sultán de Paiporta en su día grande. Durante doce meses, los peñistas pagan una cuota, venden lotería, hacen algunas rifas o celebran comidas como esa «caldereta de bou», honrando de nuevo a su animal más amado para poder traerlo a su lado. Es caro, no cuesta pocos euros acarrear reses de esas dimensiones y características a sus tierras; el precio ronda los trece mil euros, aproximadamente. La unión hace la fuerza, por y para el toro.

En primer lugar, ocupa nuestro tiempo el montaje de la iluminación; ese precioso emperador debe lucir en su inmensa magnitud. ¡Cómo corresponde a su categoría! El lenguaje más selecto, la música, en combinación con luces diversas, será su compañera en el itinerario a realizar, lo cual conlleva una labor ardua, previa a la celebración del evento, la cual será realizada con alegría y tesón, además de con un enorme esfuerzo por parte de la Asociación Cultural Taurina Colla Cerril.

Al fin y al cabo, ¡Paiporta es historia del toro en la calle! Así lo demuestran sus más de trescientos años de tradición. Existen fotografías ratificantes de mis declaraciones, además de documentos eclesiásticos de diversa amplitud y distinta redacción, los cuales son prueba fáctica de la verdad de mis afirmaciones. En el año 1963, el sacerdote de la localidad era la voz en el chupinazo de salida de los encierros celebrados. Con el paso de los años, asociaciones como la Cofradía del Cristo, San Francisco… se ocuparon de mantener viva la ansiedad por el toro en la calle. Y las peñas comenzaron por El Vaqui, fundada en el año 1981, 1989 vio nacer La Poalá. En esta última, un grupo de amigos de Paiporta se unió, volviendo a llevar alegría e ilusión a mucha gente del pueblo. Y Paiporta disfrutó la suelta de esas vaquillas o esas magníficas emboladas, pues ese era el más arduo deseo de sus componentes. En el año 1998, la peña L'Esquellot tomó el testigo de mando, junto con un grupo de amigos, muy jóvenes en aquellos años, pero plenos de afición por el toro en la calle. La peña Germanor brotó en el año 2008, semilla de unos recuerdos inolvidables durante los diez años en activo. Y en el año 2017 ve la luz la primera peña taurina femenina, una colección de mujeres con muchos valores, como valentía, además de arrobas de amores hacia cualquier sonatina con notas melódicas a Paiporta y llena de valencianía.

Hoy la anfitriona de nuestra visita a este bello municipio valenciano es la Asociación Cultural Taurina Colla Cerril. Esta última nació en el año 2009 como Colla Cerril por un Día, y su objetivo era soltar morlacos de primer hierro en diferentes peñas del pueblo. Amor de nuevo por y para el toro, lo cual conlleva un lazo irrompible entre ellos, son amigos de corazón. Es mucho lo aportante por el toro a España y a la gente la cual trabaja por y para él, gozándolo en su bravura y grandeza, respetando el pasado, luchando por no perder lo vivido por nuestros ancestros y procurando la existencia de ese rey de los campos. En el año 2012 es dada de alta como comisión la Asociación Cultural Taurina Colla Cerril, celebrando su propia fiesta, por supuesto, en la modalidad de toros cerriles. Mi caballero paiportino, mi querido Marco Navarro Latorre ostenta la presidencia de la misma desde aquel entonces. Hoy es aún más feliz si cabe, me tiene a su lado y voy a aprender cogida de su brazo a amar el toro en la calle. La expresión de su rostro es premonitoria de unas horas del todo inolvidables.

Junto a otros compañeros, en presencia del tío Julián van maquetando el trabajo a realizar, lo cual adivinamos por sus gestos. En la charla mantenida entre ellos se respira la unidad. No oímos sus palabras, pero cuando cualquiera de ellos hace uso de la voz, el resto asiente o corrige caballerosamente, aportando razones dignas del asentimiento de los demás. Unidad con un solo fin, regalar al pueblo la presencia del toro en Paiporta para el gozo y disfrute de todos sus habitantes.

La tía y yo nos hemos quedado con Jordi Mendoza y Rafa, apodado Willy, cocineros de la *torrà,* elaboradores de ese delicioso «almuerzo cerrilero» donde degustaremos la más sabrosa carne a la brasa, la cual dará fuerzas a nuestros trabajadores para realizar la labor necesaria demostrando toneladas de amor al astado. ¡Eso es animalismo! Laborar para emocionar al espectador de esta fiesta popular y tradicional, horas de esfuerzo, algo nada banal ni superficial, en combinación con el goce de sentir ese sello de identidad español, el toro bravo. En medio de este maremágnum de sentimientos diversos, unos torbellinos introspectivos provocados por visiones distintas, pues vienen a mi cabeza situaciones vividas en Salamanca, me invaden, ante lo cual establezco conclusiones del todo precisas. El toro bravo es un animal criado con esmero para gozar su fuerza y bravura en distintos ámbitos, de diferentes formas, y ese es su fin. De esa manera se le demuestra el verdadero «te quiero», dándole su lugar, ¡respetando su trabajo a realizar!

Un «¡tía!» feliz y cariñoso me salva de este ciclón atrapándome de nuevo en el sabor dulce de frutos del corazón. Marcos, hijo de mi amigo del alma, me envuelve con su abrazo. Es un chaval alto, fuerte, con unas formas perfectas y muy cariñoso, sus maneras son selectas. La complicidad entre ambos es brutal, quiere mucho a su tía Ali. Su rostro de alegría es espejo de algo, para él mi asistencia a estos festejos taurinos es una felicidad tremenda, habrá más de un rato muy agradable, por lo cual sera del todo inolvidable. En Paiporta estoy en mi casa, y a las pruebas me remito.

—Tía, la abuelita viene por ahí.

—¡Qué bien, hijo! Mira, ven, te presento a Charo. ¡No te puedes imaginar cuántos toros bravos ha cuidado! Tía, Marcos es el hijo pequeño de Marco.

—¡Qué guapo eres! ¿A ti también te gustan los toros como al papá?

—¡Sí! —contesta feliz—. Ya le he hecho saber a mi padre mi deseo de ser miembro de la peña, y me ha dicho: «Sí, en cuanto seas mayor de edad» —nos explica mientras sonríe con picardía e ilusión.

La madre de mi hidalgo paiportino llega a nuestra altura. Mi querida tía Elena me besa y abraza afectuosamente, de nuevo un momento mágico, pues tras presentarle a la tía Charo, comienza una charla imborrable entre dos madres de amantes al animal buscador de la lucha, de la batalla, gozante de una fortaleza magna:

—Bueno, ya llegó el día. Esperemos que todo vaya bien. Han trabajado mucho y aún les queda. Mi hijo no para; bueno, ¡ninguno para! ¡Ya lo ves! ¿Sois de Salamanca?

—¡Sí! ¿Qué me vas a contar? Mi esposo es mayoral, y mi hijo, picador —contesta con una mezcla de orgullo y resignación en su rostro; muchos días han sido puyazos en el corazón para mi adorada tía Charo. El miedo a la pérdida de un ser querido, ante la plena conciencia del peligro de sus vidas, imbuye su rostro.

No puedo evitarlo, el corazón me salta por la boca escuchando hablar a estas dos grandes señoras. ¡Ante todo soy madre! Sentir la posibilidad de perder al ser que te ha hecho sentir el esplendor de ser mujer dando vida debe ser algo horrible, y en sus palabras de apoyo mutuo es un sentimiento tangible. Almorzamos en perfecta armonía, clamando en diferentes corros valencianía e hispanidad. ¡Eso es amor al mundo animal!

El gran momento se va acercando, comenzamos a preparar el recorrido. El montaje de las luces, con los generadores precisados por las mismas, y la música, refrendada por sus necesarios altavoces, ocupan nuestros primeros minutos tras cerrar dos calles. En un trocito, dejaremos veinte o treinta metros de gradas; el resto debe estar protegido por barreras bien ancladas al suelo, según la normativa del decreto sobre el toro en la calle, simplemente seguridad llevada al máximo extremo. A treinta metros de las gradas, se echará la arena, de esa manera el toro pisa tierra. Preparamos el coso y cerramos el recorrido con un par de barreras más. El camión entrará al lugar donde están situados los corrales, punto de salida en su lucimiento paiportino.

Nuestros cocineros de honor han comenzado a preparar la paella más exquisita. Vamos a comer a las 14:30 aproximadamente, motivo por el cual Willy y Mendoza ya están preparando material para ponerse de nuevo manos a la obra. En ese entre acto de acciones diversas, aparece a nuestro lado Manuel Martínez Rey, arquitecto técnico, cuya labor es testificar la corrección de todo el trabajo realizado por mis peñistas paiportinos favoritos, y así lo ratifica. Paco y Vicente March, dueños de la empresa Hermanos March y peñistas en Picanya, traen la arena en el momento álgido del arte culinario más valenciano, pues nuestros chefs acaban de poner el arroz en el plato más delicioso, la paella. El coso está preparado y nos sentamos a comer, felices de haber cumplido con la labor para poder disfrutar de ese animal dueño de nuestro amor en su realeza y potencia. El café es el tónico regenerador de nuestras fuerzas, lo precisamos, degustándolo escuchamos llegar el camión de Domingo Navarro, portante de dos toros cerriles, los cuales también harán el recorrido. Pocos minutos después, entra el camión de Vicente Benavent, portante de un toro en punta y unas vacas de corro; una de ellas se embolará esta tarde mágica. El equipo médico hace acto de presencia una hora antes de empezar el acto, todo debe estar en perfecto orden y concierto.

Los dos astados cerriles y la vaca a embolar pasan a los cajones, uno de estos es propiedad de nuestros anfitriones, fabricado por ellos mismos. La obra es una mezcla de madera y hierro para dar espacio al fruto de su esfuerzo; de nuevo, horas de trabajo para el toro bravo. El resto de animales estarán en el camión fuera del recorrido. El acto va a comenzar dando suelta al primer cerril, y la vaca embolada será la estrella final de un día memorable.

A las cinco de la tarde, como Federico García Lorca le canta a Ignacio Sánchez Mejías, suena el chupinazo. El primer toro cerril es recibido a portagayola por mi querido Germán. El animal continúa el recorrido mientras distintos recortadores lo van sorteando con astucia, entre entretenimiento y juegos diversos de mis valientes señores. En doce o quince minutos aproximadamente, debemos llevar el toro dentro de los corrales, no es una faena fácil de realizar, pues son toros bravos, pero el pastor con los mansos nos ayuda a ello. El tío Julián hace en diferentes momentos observaciones sobre sus movimientos y distintas acciones, pues reflejan su bravura como toro cerril y él, como profesional, mayoral del toro bravo en ese precioso Campo Charro, es perfectamente conocedor de las acciones de esta raza de bovino, reina de la batalla.

Media hora más tarde soltamos el segundo cerril. Dos peñistas se ponen delante del cajón, recibiéndolo al alimón. Estos grandes hombres cogidos de la mano hacen pasar este burel por debajo de sus brazos en un pase muy taurino. Eso es osadía, valentía... El regalo más hermoso para mí lo trae este toro cerril. ¡Una gran sorpresa! Mi querido Juan Pérez García, novillero valenciano, sale a su encuentro entablando un cara a cara con ese animal, rematado con cuatro magníficas verónicas y una media de cartel, pases del todo inolvidables, para terminar lanzándome un beso al aire brindándome su acción. «¡Olé!», exclaman los tíos, embargados de emoción. Los tres somos presos de sentimientos de corazón. Los recortadores repiten esos actos de sus amores, con los que van sorteando la osadía del animal de batalla, del sultán más amado en Paiporta ese día, hasta llegar de nuevo a los corrales, donde otra vez nuestros ayudantes con pitones cooperan a introducir al animal.

Tras la exhibición más vistosa, hermosa y maravillosa, los toros salen de los recintos y volvemos a introducirlos en el camión de

Domingo Navarro. De esa manera, el lugar quedará libre para sus nuevos inquilinos, el animal autóctono de la Comunidad Valenciana.

Una vez allí, hay tres corraletas divididas: en una es el dueño el toro en punta y en las otras son las vacas las amas. Estas inauguran el acto con intervalos de quince o veinte minutos entre ellas. La gente las tienta, las torea, las disfruta... En el recorrido hay aparatos, en los que suben, saltan... Cinco vacas, a ese ritmo, se van mostrando de una en una. Acabado el pase de esas modelos con astas, el toro en punta es el rey de la calle, un animal destinado a volver a la ganadería, a diferencia del toro cerril, pues el fin de este último es el matadero. El toro en punta es mucho más resabiado, exhibe su belleza, y la astucia es una de sus características.

El tío Julián me hace reflexionar en acciones del toro. Son propias de un animal conocedor de los acontecimientos y vicisitudes encontrados en su paseo, pues, como anteriormente nos explicó Vicente Benavent, va a volver a la ganadería, visitará más pueblos, la gente lo tentará y lo toreará para volver a los corrales. En más de una ocasión, mi mayoral me dice de manera resolutiva:

—¡Eso con un toro cerril no podrías hacerlo! Plantaría cara, presentaría batalla, como los primeros toros de la tarde. Recuerda con qué premura se giraban, es su instinto primario, todo se les hacía poco, la velocidad al intentar embestir, cómo probaban humillar al recortador...

Yo asiento extasiada ante sus explicaciones, conocimientos de mayoral tras una vida dedicada al toro bravo, algo nada banal.

La vaca embolada es la guinda del pastel, el final del acto. El toro de fuego está asociado a la simbología solar taurina, cuyos antecedentes más remotos se encuentran en el Neolítico, luego, indudablemente, son historia del mundo; más concretamente, en las representaciones rupestres del Covachón del Puntal (Soria) están las primeras pinturas para el toro, arte para él. No en vano, esta actividad procede de ritos de celebración tras las recolecciones, el toro y el fuego representan la fertilidad de la tierra. El toro corría portando la luz en los pitones, eso simulaba ahuyentar las tinieblas y los malos espíritus, tras lo cual, el sacrificio del animal formaba parte de una comida o, incluso, de un ritual. Un nuevo resurgir de la vida en la primavera siguiente.

Marco se acerca a las gradas ansioso por conocer nuestra opinión acerca de lo acontecido hasta el momento:

—¿Qué tal vais? ¿Os está gustando? ¿Lo estáis pasando bien?

—Me está encantando —le explico—. Me ha embelesado poder observar las reacciones de los animales, sobre todo, como dice el tío Julián, la diferencia entre los actos del toro de corro y la oposición marcada por los cerriles. Es una divergencia digna de observar.

—¡Claro! —apostilla mi mayoral favorito, con una explicación clara de conocimientos sobre la nobleza del toro bravo criado para morir en el ruedo, en el auge de su bravura y realeza—. El toro cerril hace gala de su instinto básico, es un animal de batalla, lucha, combate, pelea, es jerárquico... Este festejo me ha emocionado, mucha gente debería verlo. El toro en la calle a este nivel es muestra del valor de la lidia.

—¡Qué bien! ¡Cuánto me alegro! Me voy a embolar la vaca, vamos a poner el broche de oro a la fiesta.

De repente, unas manos cubren mis ojos por detrás y me dicen de la manera más cariñosa:

—¡Si tenemos en Paiporta a la valenciana más guapa!

Es mi querido amigo Vicente Ibor, una alegría muy grande. Ambos nos fundimos en un abrazo tan sincero como entrañable. Intelectualmente hablando, nos formamos en la misma facultad, ambos amamos la tierra, conocemos la ley, luchamos por ella; peleas del corazón provocadas por una vida entre códigos y letras.

—Vicente, es un placer presentarte a Julián y a su esposa, Charo. Él fue la semilla brotante de *Entre flores, sangre y arena*, es mi mentor dentro del mundo del toro bravo.

—Es un placer conocerlos. ¡Un libro precioso! ¡Me encantó!

—Tío, Vicente fue ocho años alcalde de Paiporta.

—¿A qué partido perteneces? ¿Qué te parece esta fiesta? A mí y, por supuesto, a mi esposa nos ha encantado.

—Yo soy del PP, pero como alcalde de Paiporta solo he deseado lo querido por los habitantes de mi pueblo, respetar sus tradiciones. Mi intención es conservar estas costumbres, todo un sello de identidad valenciano y español. Y les debo explicar una cosa: el regidor anterior a mi mandato era del PSOE, estuvo veintiocho años en el cargo y siempre veló por el bienestar de la fiesta; decir lo contrario sería mentir.

Paso mi mano sobre el hombro de Vicente orgullosa, es un hombre íntegro, coherente y valiente. La palabra *democracia* alcanza en políticos de su valía el máximo exponente.

—Tete, explícales a los tíos lo ocurrido para prohibir el toro en la calle por la alcaldesa que te sucedió en el cargo.

—Pues miren, un toro enganchó a un recortador en junio del año 2018, y se acogió a la defunción del pobre chaval para prohibir la celebración.

—Cuando un hombre se pone delante de un animal de esas características ya conoce esa posibilidad, eso puede ocurrir, de igual manera les sucede a los toreros. Me parece incluso corrupto acogerse a la defunción de un hombre joven para justificar un acto totalmente mandatario.

—¡Sí, tío, sí! Pero así es Compromís, una bandada de dictadores disfrazados de comunistas. Van al «aquí mando yo», y a los hechos me remito. Encima Isabel Martín va de salvadora de la patria, además de proclamarse progresista. ¡No entiendo nada!

—¡Ja, ja, ja! —ríe Vicente divertido ante el tono satírico de mi observación, mientras coloca una mano sobre mis hombros diciéndome—: Eres muy pasional.

—¡Hay que sulfatar Valencia, tete! ¡Compromís se la va a cargar, y no solo en Paiporta!

A las 20:00 empieza el procedimiento para embolar la vaca, para lo cual le ponen a la misma una cuerda en los pitones. La pasan por la puerta del cajón para llevarla al pilón. Extasiada y curiosa observo cómo le colocan los herrajes, fabricados con acero, las bolas, las cuales se ubican bastante distanciadas de la faz del animal, hechas de estopa de cáñamo y cubiertas por materiales inflamables, tienen cierto aspecto artesanal. Estas no gotean, no desprenden material que pueda producir una lesión ni en los ojos ni en la piel de la vaca. Al mismo tiempo, no impiden la visibilidad del animal, pues vuelvo a rendirme a la evidencia. Un animal dañado por el fuego, quemado en profundidad, ¿podría volver a ser embolado? Me parece obvia la respuesta.

Una vez la vaca está preparada, uno de nuestros peñistas entra con la antorcha y les prende fuego a los pitones. M.ª Ángeles, una mujer valiente, corta la cuerda, retirándose *a posteriori* con destreza y rapidez para regalarnos el disfrute de esta pelea, la vaca contra el fuego. Dos fuerzas de la naturaleza, en plena extensión de la palabra. La res luce en su inmensa potestad y magnitud, moviendo la cabeza de manera alumbrante a mucha gente asistente al acto, mostrando incluso orgullosa su poder frente al fuego. En determinados momentos anda despacio, para dar un viraje en su actitud de 180 grados segundos después y correr eufórica, luciéndolo en las astas, o pelear con unos gestos claros de «podré contigo» a las antorchas portantes por ella misma, moviendo la cabeza rápidamente.

A las 20:30 la vaca está en los corrales y un cohete da por finalizados los actos de la tarde. Los tíos y yo nos acercamos presurosos a ver el estado de la vaca recién embolada. Aún no le han quitado los herrajes, tan solo han pasado tres minutos del final del prendimiento de las bolas. Mi querido Fran Mendoza está ayudando a quitárselos y, para mi sorpresa, lo hace sin guantes ni protección alguna en las manos. Termina la faena y, acercándose a nosotros, nos pregunta:

—¿Qué os ha parecido? ¿Os ha gustado?

Pero la ansiedad me puede y lo cojo por las muñecas, diciéndole preocupada:

—¡No llevas guantes! ¿No te has quemado?

A mi lado hay un señor alto de formas recias, quien me explica:

—Los herrajes son de acero y no sobrepasan los 40 o 45 grados. No tengas miedo, ni Fran ni la vaca ni nadie se ha quemado. Yo soy veterinario, te hablo con conocimiento de causa.

—Es un placer conocerlo. Mi nombre es Alicia —le digo mientras le doy la mano.

—Yo soy Enrique, encantado de poder saludarte. ¿Te gustan los toros?

—Mucho, pero soy una antitaurina convertida en amante de la tauromaquia. Este matrimonio es el mejor regalo del animal protagonista del evento, mis tíos Julián y Charo. Mi tío es mayoral en esa dehesa divina, el Campo Charro.

—¿Qué le ha parecido? Su sobrina parece sorprendida.

—Lo estoy, lo estoy —le digo alzando las cejas, pues estoy impresionada ante la magnitud del festejo.

—Algo digno de ver, para gozar. Son diferentes maneras de vivir el toro, y todas buenas. Acaban de demostrar otra rama del árbol de España, el toro en la calle. Yo soy un profesional del toro de lidia y estoy hechizado. No sé si no se quieren dar cuenta o simplemente no lo ven, pero la existencia del toro bravo está supeditada a la fiesta, en cualquier ámbito de la misma.

—Estoy plenamente de acuerdo con usted. Mire, Valencia es una tierra, históricamente hablando, muy taurina, pero no solo en la lidia, que también. El toro en la calle es popular en muchos municipios valencianos, y aquí solo quieren prohibir sin aportar más razones, van simplemente al porque sí.

De nuevo, un abrazo vuelve a atar dos vidas por el lazo más bravo y valiente, el toro, un referente de nuestro Estado, ¡España! Todo un sello de identidad de nuestro país. Gente sometiendo su vida o, en otro ámbito, sus horas libres a las necesidades del animal y, sin embargo, son tachados de maltratadores por desconocedores, ignorantes de lo mucho aportante por la fiesta.

Marco llega a nuestra altura y lo abrazo apasionada, diciéndole:

—Nene, ¡me ha encantado! Es muy impresionante.

—Es muy sensacional y, al mismo tiempo, extremadamente llamativo. Demuestra la ausencia de cualquier tortura hacia el animal.

La tía con sus gestos apoya nuestras afirmaciones, y juntos nos acercamos a la mesa. Vamos a cenar. La tarde vivida y sus principales protagonistas, las reses, son el centro de conversación en este ágape de amantes al animal con sinceridad de corazón. Una vez terminamos de comer, tras despedirnos y dar las gracias efusivamente a nuestros peñistas del alma, Marco nos acerca a casa. Los festejos continúan durante la noche con más emboladas, pero los tíos mañana vuelven a Salamanca, deben descansar bien, pues son muchos los kilómetros a recorrer.

A la mañana siguiente, desayunamos juntos, los acompaño al coche, algo apenada por su marcha; han sido unos momentos inolvidables y los voy a añorar. El tío me da dos besos y me dice:

—Gracias por todo, cariño. Han sido unos días muy nutrientes, lo hemos pasado muy bien.

—Os voy a echar en falta —les digo mientras abrazo a mi tía Charo—. Os quiero mucho. Tened cuidado, por favor. Tía, ponme un guasap cuando lleguéis a casa y me quedo tranquila, el tío para eso es más despistado —le ruego emocionada en una despedida entre lágrimas y sonrisas.

—Sí, cariño, lo haré. No llores, princesa, nos veremos pronto.

Arrancan el coche y los veo alejarse mientras les digo adiós con la mano. Subo a casa, ocupo mi tiempo poniendo lavadoras, mientras rememoro lo vivido en días pasados. Envuelta en este Mediterráneo de aguas en poniente, escucho sonar el teléfono. Es José María Jericó, mi periodista taurino favorito.

—Hola, tío. ¿Qué tal estás?

—Muy contento.

—¿Y eso?

—Me han regalado tres entradas para la Feria de Julio, para una corrida con un cartel espectacular. Iremos Chimo, tú y yo, ¿te parece?

—Claro, tío. ¡Qué bien! Soy la niña mimada del toro bravo, me tenéis muy consentida.

—¡Ja, ja, ja! Tú lo mereces, reina mía.

—Ayer estuve en Paiporta, tío, gozando el toro en la calle. ¡Qué maravilla!

—¿Sí? ¿Te gustó?

—Te quedas corto, tío: me enamoró. Paiporta con el toro en la calle es espectacular, digno de observar. Ya te contaré, ha sido algo inolvidable.

El trabajo de la maternidad trae consigo muchos recados, en ocasiones difíciles de realizar. En la facultad de Filosofía y Letras le han pedido a mi pequeña un libro, esa maravillosa obra: *Las leyes* de Platón. Y, por supuesto, me voy a comprarla. Tras encontrarla en la librería, decido ojear distintas estanterías; soy una enamorada de la letra impresa, me apasiona la literatura. Tras las últimas experiencias vividas, darme un garbeo por la zona replicante de mi atención, como amante del arte de la lidia es algo del todo preciso, me lo demanda el corazón, cuando tropiezo con un libro titulado *MANOLETE, HISTORIA DEL TORO BRAVO.*

3

Manolete, historia del toro bravo

Leer es la afición más nutriente, intelectualmente hablando. El tiempo empleado en la letra impresa te agradece eternamente las horas dedicadas a la misma, reportándote conocimientos diversos sobre el tema desarrollado en el libro dueño de tu tiempo libre.

¡Son las cinco de la tarde! No hay hora más taurina, y sentada en el sofá de mi casa, sobre mi regazo ya reluce la portada de la biografía acerca de ese grande de la historia de la lidia en España, Manolete.

Aparece una hermosa imagen del maestro en el ruedo, por supuesto vestido con traje de luces, la cual llama poderosamente mi atención. Era un hombre de rasgos finos, ojos grandes, nariz un poco afilada, alto y delgado. Observando la fachada de la novela con atención, en un viaje introspectivo pienso sin temor a equivocarme: «Voy a encontrarme un señor valiente, desbordante de amor a la res». Está toreando un astado tremendo con un natural, elegante y limpio pase, en el cual el animal pasa casi acariciando su pierna. El matador desprende elegancia, osadía y destreza.

Manuel Laureano Rodríguez Sánchez, conocido como Manolete, nació el 4 de julio de 1917 en la calle Conde Torres Cabrera, número 2, de la bella ciudad de Córdoba, corazón de la España taurina, cerca del día de San Fermín, algo del todo premonitorio. Un precioso busto del torero, obra del escultor

Juan de Ávalos, en un coqueto jardín próximo a su hogar de la infancia, reluce recordando la figura de este califa del toreo, escultura, un cauce de arte para y por otra vertiente del mismo. En esos años, en España entera se respiraba la inseguridad provocada por un conjunto de sucesos acontecidos durante ese verano en el país, la crisis de la Restauración, coincidentes con una coyuntura internacional especialmente crítica, aunque nuestro Estado se mantuvo neutral en esa área.

El padre de nuestro protagonista, homónimo del mismo, D. Manuel Rodríguez Sánchez, también ejerció como matador de toros, y falleció cuando su hijo tan solo contaba cinco años de edad, el 4 de marzo de 1923. Fue conocido como Manolete, y de él nuestro héroe tomó su apelativo, pues, como hombre respetuoso, amante de su pasado, su historia y su linaje, quiso honrar con este gesto a su progenitor.

Su madre, doña Angustias Sánchez Martínez, estuvo casada previamente con Lagartijo Chico, con quien ya tuvo dos hijas. Su tío abuelo José Rodríguez, Pepete, y su tío Bebe Chico también ejercieron el honroso arte de la lidia. El padre de su madre, su abuelo materno, Antonio Sánchez, ferroviario en Aranjuez, y su abuela Teresa Martínez contrajeron matrimonio a finales del siglo XIX en Albacete, y allí vivió la madre de este monstruo de la tauromaquia hasta los cinco años, pues la compañía ferroviaria dispuso su traslado a la dueña de la Mezquita, la bella Córdoba.

La situación familiar era mísera, deplorable a efectos económicos. Manolete, el pequeño de los cuatro hijos fruto del matrimonio, decidió escaparse para dedicarse al toreo con esfuerzo y tesón cuando tan solo contaba doce años de edad. Las condiciones de su hogar le hicieron madurar prematuramente, con precoz raciocinio se dio cuenta del bienestar de vida del matador de toros. La muerte de su padre, indudablemente, marcó la vida de Manolete. No se interesó por el esférico, el trapo rojo formó parte de sus engaños de infancia, el capote y la muleta acapararon todas sus atenciones desde muy pequeño. Nuestro protagonista se sentía muy unido a su madre, a pesar de ser una mujer recia, sin excesivos gestos de ternura hacia su único hijo varón y sus hermanas. Más de una vez se envolvió en el cariño de todas ellas para superar momentos drásticos, provocados por la ausencia del referente paterno y por la deficiente situación monetaria habida en la familia. Cierro los ojos e imagino escenas narradas en estas letras e, inevitablemente, como madre, se me encoge el alma de emoción.

Manuel Laureano Rodríguez Sánchez cursó estudios primarios en el colegio de los salesianos de Córdoba y el 8 de diciembre de 1925, el día de la Inmaculada, tomó la primera comunión en el colegio de Santa María Auxiliadora.

Comenzó a frecuentar con otros chavales del barrio del Matadero Viejo cortijos, herraderos y tentaderos en el año 1929, para pegar sus primeros capotazos a una becerra en la finca Lobatón, cerca de Córdoba. El dueño de la misma se percató de la destreza de Manuel y, sin dudarlo, lo acercó a la Escuela Taurina de Montilla, donde ingresó como alumno. Envuelta en arrobas de ternura, leo declaraciones de Manuel Laureano, un hombre agradecido a la madre, quien sintió el esplendor de ser mujer dándole vida a él y a sus hermanas en un coso de amor. Le prometió a su progenitora: «Madre, te compraré un palacete y te sacaré de la miseria». ¡Cuánto tuvo que pasar esa criatura! Dios, soy mujer, soy hija y soy madre, y no puedo evitar estremecerme poniéndome en su piel.

Empezó a frecuentar tentaderos cada vez con más frecuencia, debutando en público en el año 1930. En junio de 1932, tuvo un breve paso por la Escuela Taurina de Montilla, donde continuó puliendo su arte y estilo. Regocijándome en la vida de este califa del toreo me doy cuenta de algo: fue naranjo agradecido a la tierra donde nació, una constante en su vida. En el año 1933, el divino Domingo de Resurrección lo ampara y protege en su participación en una novillada en Cabra, localidad perteneciente a Córdoba; de nuevo, la bella ciudad donde vio la luz del día por primera vez hace aparición como punto base en su biografía. Fue un verdadero espectáculo entre pitones, en el cual también participó Juanita Cruz, esa señorita torera, y Bebe Chico, quien también alternó. En este mismo año, formó parte del espectáculo cómico-taurino-musical *Los Califas.* La tarea de Manuel conllevaba la parte seria de las actuaciones.

Estos doce meses fueron punto trascendental en la vida de Manolete, pues toreó vestido de luces por primera vez. La corrida nocturna se celebró en la plaza de Arlés, en Francia, con un gran éxito, lo cual lo llevó a abandonar esas corridas cómicas para dedicarse tan solo a la lidia con rigidez.

Debutó con picadores, con esos hermosos utreros, en la antigua plaza de Madrid en el año 1935. A principios del año 1936, fue parte integrante de varias novilladas, pero el comienzo de esa catástrofe española, la Guerra Civil, cortó su temporada ese año. En 1937 y 1938, inmersos en la hecatombe provocada por la contienda entre hermanos, celebró muy pocas actuaciones, algunas de ellas a favor del ejército y de hospitales de la zona sublevada, lo cual provocó la calificación de franquista por más de un opuesto al bando ganador de la contienda. El 26 de mayo se presentó en Sevilla, consiguiendo un sonoro triunfo. Dos novillos de Villamarta encontraron la muerte por dos estoconazos impartidos de manera sublime por este califa del toreo.

En la primera mitad del año 1939, toreó novilladas en bastantes lugares de la hermosa Andalucía. Manolete fue puliendo su estilo, los fallos propios de un debutante de la lidia. El 25 de junio del año 1939, en El Puerto de Santa María, Cádiz, celebró su última corrida como novillero; los animales pertenecían a la ganadería del Conde de la Corte.

Al llegar a este punto, preciso un descanso. La conciencia me pide a gritos recapacitar sobre lo recorrido en la vida de este gran hombre y, como demostró desde niño, mejor persona. Una infancia muy dificultosa, llena de necesidades extremas, en muchas ocasiones llevadas al límite y enfrentadas con tesón, fortaleza, además de realeza, por Manuel Laureano Rodríguez Sánchez, Manolete. Una vida obligándote a estremecer en más de una ocasión por la dureza del contexto familiar y social del momento. ¡Incluso fue llamado a filas por el Regimiento de Artillería número 1, asentado en su ciudad natal! Cuando empieza su ascendencia en el hermoso arte de la lidia, la situación del país lo obliga a dejar de luchar por ese arte de su amar, sentimiento tal vez provocado por el ejercer del mismo por sus antepasados. Al fin y al cabo, llevaba en la sangre este precioso arte, ¡la lidia!

¡Llegó el gran día! ¡Tomó la alternativa! El último parte de guerra se había firmado el primero de abril del año 1939, y el país devastado se abría a una paz condicionada. El 2 de julio tomó la alternativa, su jornada más soñada. El toro se llamaba Mirador, una res rebautizada, pues al nacer se le llamó Comunista, pero el presidente de la corrida no permitió su anuncio con ese denominativo, justificando su decisión con la pregunta:

—¿El año de la victoria voy a permitir la aparición en la Maestranza de una tablilla con un Comunista?

—No se preocupe usted, no pasaría nada; al fin y al cabo, es para matarlo —contestó el ganadero.

La anécdota de un día de memorándum entre pitones, espejo de la rigidez de aquellos años. Esa res era perteneciente a la ganadería de Clemente Tassara. Como padrino ejerció sus funciones Manuel Jiménez, Chicuelo, y compartió cartel con Rafael Vega de los Reyes, Gitanillo de Triana, pues aún no existía la figura del testigo en esos años en el ruedo. Manolete vistió de heliotropo y oro, nuestro toricantano estrenó traje en ese momento cumbre de su existencia. Le cortó las dos orejas al toro de la graduación; Gitanillo de Triana dos al quinto, y Chicuelo se alzó con el triunfo de esa tarde inolvidable, pues dos orejas y el rabo del cuarto toro fueron el trofeo de esa cruzada entre amantes del arte más español, la lidia. Como dijo Antonio Machado en sus divinos *Cantares*, golpe a golpe, verso a verso, Manolete hizo camino al andar.

El 12 de octubre de ese año, cubierto por el manto de la Virgen del Pilar, en un festejo anunciado como «Corrida de la Beneficencia», confirmó la misma, convirtiendo esta fecha en una de las tardes taurinas más emblemáticas de España. En aquel Día de la Hispanidad, Marcial Lalanda actuó como padrino, los toros pertenecían a la ganadería de Antonio Pérez. Una tarde para el recuerdo, en la cual también confirmó su alternativa Juan Belmonte Campoy, y el padre de este, Juan Belmonte, abrió la tarde rejoneando. Su primera temporada como matador se saldó con dieciséis corridas y los mejores vaticinios para el año siguiente.

En 1940 participó en cincuenta corridas, cuatro de ellas en la capital del país, y entre todas brilló con fuerza la celebrada el 6 de junio, donde le cortó una oreja a un toro de D. Antonio Pérez. Obtuvo éxitos constantes en diferentes lugares de España, todos de alta envergadura e importancia. En 1941 toreó cincuenta y ocho corridas y durante 1942 se vio envuelto en setenta y dos actuaciones, donde destacaron con fuerza por sus triunfos constantes las de Barcelona y otras ferias muy relevantes, pero el 27 de septiembre un toro lo cogió. La herida de gravedad fue proferida en el muslo derecho.

En estos últimos años, Manolete fue el número uno de la fiesta en España. Cuando su nombre aparecía en los carteles era un imán atrayente de mucha gente a las plazas. Evidentemente, su estilo era característico de una personalidad y una biografía donde su autocrítica fue una constante. Era valiente, elegante y sobrio, su toreo consistía en la quietud, en perfectas ligazones, además de ejercer la lidia en sentido vertical, por lo cual obliga a pases más cortos. No agacha el torso, acto que al mismo tiempo extrema la peligrosidad, pues ante un toro muy encastado, sus ganas de luchar se ven fuertemente acrecentadas. Cuando se plantaba en la arena se quedaba en un solo lugar, estático, sin menearse. A modo anecdótico recalco estas letras, las cuales provocan la rapidez con la cual transcurre mi tarde, algo gracioso y a la vez alabador: la manoletina, ese pase anterior a su nacimiento, lo realizaba de manera pura y a la vez muy magna, ante lo cual algunos le han atribuido su creación. El derechazo y el pase natural eran el eje de sus faenas, la base de su arte.

En 1943 toreó setenta y cuatro corridas con un éxito fulguroso. A pesar de todo, sufrió algunos percances, de los cuales se recuperó, pues no eran de importancia. Tal vez le imbuyó más fuerza aún el haber conocido al amor de su vida ese año. En el bar Chicote los presentaron. Nuestro protagonista ya se había fijado en ella durante una de las corridas en Las Ventas. Lupe Sino nació también en un entorno muy humilde, en Sayatón, localidad perteneciente a Guadalajara. Eran de la misma edad. Ella empezó su andadura como actriz, pero al conocer a su príncipe azul, lo dejó todo por amor, centrándose en el toreo. Jamás se casaron, vivieron juntos, y ningún cizañero consiguió separarlos nunca. ¡Era amor de verdad! Es algo estremecedor, pues tras la muerte de nuestro protagonista, Lupe Sino viajó a México de nuevo, a esas tierras donde juntos vivieron tantos momentos felices, y se casó con un pudiente abogado homónimo de nuestro protagonista, pero acabaron divorciándose ocho años después. Su corazón, su cuerpo y su alma pertenecían a Manuel Laureano Rodríguez Sánchez, *Manolete*. Amor en plena extensión de la palabra, incluso después de la defunción del diestro. El peligro de muerte fue una constante entre los sentimientos de la pareja, un eterno compañero, miedo por un verdadero «¡te quiero!».

Describir el arte de nuestro protagonista es hacer ver un toreo diferente hasta el momento. La lidia consistía en la adaptación del matador al astado, explica cautelosamente su biógrafo, pero Manolete dominaba el toro, imponía su forma de torear ante el animal. Llamaba al animal en concordancia con su forma de embestir. Manuel Laureano siguió in crescendo, como la buena música, pues en 1944 participó en noventa y dos corridas con un éxito resaltable en la mayoría de ellas. Dos días después de su cumpleaños, el 6 de julio, jornada anterior a San Fermín, en la corrida de la Asociación de Prensa, su faena tuvo el fulgor de una estrella. El toro Ratón lo alzó al éxito más estruendoso, causó sensación, pues su labor resultó acabada y magistral.

Era el ídolo del momento, hacía alarde de valentía con gestos como el de no poner la muleta delante de su cuerpo. El animal podía mirarlo a él y al trapo al mismo tiempo. En esos instantes, la poderosa mano de este insigne cordobés provocaba la embestida del toro hacia el paño rojo y, en consecuencia, en un alarde de valor, los pitones pasaban a pocos centímetros de su cuerpo.

El año 1945 lo llenó con setenta y una corridas. Su suerte dominante fue la espada, se convirtió en el más admirado. Probablemente, podrían haber sido más, pues el toreo de Manolete era descriptible en una sola palabra: ¡único! Sus estoconazos eran impartidos de manera magistral, ¡estaba seguro de sí mismo en el momento supremo! Pero el 29 de junio en Alicante, un toro de Francisco Chica le fracturó la clavícula.

Tras todo ese garbeo por diferentes cosos españoles viajó a México, donde lo esperaban ansiosos y deseosos de gozar su arte. Estuvo allí, al menos, en dos ocasiones; en algún momento, incluso corrió por su cabeza la posibilidad de establecer allí su residencia. El 9 de diciembre se presentó en la antigua plaza de toros de la ciudad de México, ubicada en la calle Durango, de la colonia Condesa, alternando con Silverio Pérez y Eduardo Solorzano, con toros de Torrecilla. A pesar de su enfrentamiento tan solo a un astado, pues había sufrido un percance de importancia con una cornada en el muslo izquierdo, logró un gran triunfo, con gran asistencia al evento.

Este primer encuentro con esas bellas tierras vuelve a hacerme reflexionar, cerrando la tapa del libro por dos motivos. En primer lugar, México y España están unidos por la historia;

en el siglo XVI, México era parte integrante de nuestro país. Y, en segundo lugar, el corazón me late con fuerza poniéndome a la altura de este grande del toreo de mi España, pues allí a mí también me esperan. Nelia Basurto del Toro, una mexicana con la música en las venas, no es para mí una amiga, es una hermana. Un sentimiento cultivado en amor por la historia y el respeto a los tiempos pasados, causa de unos valores, ¡algo indestructible! Sus hijos son mis sobrinos del alma y, como se dice en ese precioso país, ¡aman a su tía Ali! De la misma manera, ellos en Valencia tienen su casa. Mis hijos tienen en Dani, Rodolfo y sus parejas a sus primos hermanos del alma. ¡Algo tendrá el agua cuando la bendicen! La historia clama. Y acabaré haciendo ese viaje, convirtiéndome en la valenciana «más charra». Un sentimiento recíproco, pues esas flores de Valencia causantes de *Entre flores, sangre y arena* nacieron para mí y adornarán los cabellos de quien ya es mi hermana.

El año 1946 lo vio torear tan solo una vez, en Madrid, compartiendo cartel con Antonio Bienvenida y Luis Miguel Dominguín. La ganadería de la tarde llevaba el sello Carlos Níñez. Manolete cortó una oreja. El gran cronista taurino José Vicente escribió para él: «Pisa el ruedo como si llevase a sus espaldas cuarenta generaciones de toreros. Este es Manolete, a quien se rinden propios y extraños, y que en su arte llega a cimas incalculables. Es hermoso coronar con la juventud el triunfo. Y rematarlo con el riesgo, el peligro, con el heroísmo de la muerte, escurrida entre cascadas de arte y alegría».

Volvió a viajar a América, toreó de nuevo en México, donde el 5 de febrero de 1946 inauguró la Monumental Plaza de Toros del país. La antigua plaza de toros estaba obsoleta y un empresario invirtió en la construcción del nuevo recinto. En el acto compartió cartel con Luis Castro, el Soldado, Luis Procuna, el Berrendito de San Juan, y la corrida tuvo un pleno total, asistieron cincuenta mil espectadores. Su estancia allí en gran parte la pasó en la hacienda de la ganadería La Punta, ubicada en el estado de Jalisco. Pero no estaba solamente embaucado por la afición mexicana, también por las playas del Pacífico, donde este cordobés pasó días de descanso.

La magia del amor de corazón me obliga a dejar de leer. El teléfono suena. Mi hermana Nelia, ese regalo del bello México, me llama amorosa y cariñosa como siempre:

—¿Cómo estás, hermana?

—¡Ja, ja, ja! Bien, teta, estoy bien, curiosamente en México.

—¿Y eso? —me pregunta extrañada e ilusionada ante la probabilidad de un posible viaje; ambas deseamos ese abrazo, y lo gozaremos.

—Estoy leyendo la vida de Manolete y estoy sorprendida por cómo revolucionó México.

—Sí, hermana, sí. Aquí es muy querido y admirado. Espera un momento, acaba de llegar tu sobrino Daniel y te quiere saludar.

—¿Qué tal, tía? ¿Cómo estás?

—Bien, cielo, bien. La tía estaba leyendo y le he contado a la mamá que en estos momentos estoy en Jalisco, México. Y además muy sorprendida.

—¿Y eso, tía?

—Estoy leyendo la vida de Manolete, un gran torero español. ¡Madre mía, hijo! Realmente, es una vida para contar.

—Tía, te he mandado las últimas canciones grabadas por el grupo.

—Las escucharé encantada, mi vida.

Estos sobrinos nacidos en Hispanoamérica son amantes del lenguaje más selecto, la música. Kapachi es un grupo de cumbia formado por gente joven utilizando el lenguaje más sensible para narrar lo profundo, lo hermoso…

En 1947 volvió a España. La temporada estaba bastante avanzada, pero no dudó en comenzarla, era un trabajador voraz. El día de la Virgen del Carmen, el 16 de julio, se celebró su última corrida en Las Ventas y aquella tarde, en cierto modo premonitoria, se vio envuelto en una lesión en la pierna, impartida por un toro de Bohórquez.

Desgraciadamente, en la cúspide de su trayectoria profesional, la muerte llamó a la puerta. El 28 de agosto de 1947, en la plaza de toros de Linares, el coso de Santa Margarita, se celebraba una corrida con un cartel arrebatador. Seis toros de D. Eduardo Miura, seleccionados al dedillo para los diestros Rafael Vega de los Reyes, Gitanillo de Triana, vestido con un terno grana y oro; Manuel Rodríguez, Manolete, ataviado de rosa palo y oro, además de acompañado por un capote de paseo de fondo blanco, con flores de distintos colores, y Luis Miguel Dominguín, de traje verde y oro.

Esa fatídica corrida la componían, en orden, los siguientes astados, todos cinqueños, con el peso reseñado en canal: el primero, Papirote, con el número 6, negro listón, de 263,5 kilos; el segundo, Amargoso, con el número 39, un negro bragado y un peso de 279,5 kilos; el tercero fue Azafrán, portante del número 4, un toro negro mulato de 266 kilos; el cuarto se llamaba Curtidor, grabado con el número 12, de negro entrepelado y con

289,5 kilos; el quinto, ese ladrón de la vida de nuestro amado Manolete, era Islero, de cinco años, como el resto de los animales lidiados esa tarde de pena, identificado con el número 21, negro entrepelado y bragado; el último era Latiguero, con el número 29, nevado y portante de 296 kilos.

Era la primera corrida de la feria y la plaza estaba a rebosar. En los tendidos se podía atisbar aficionados de toda España y muchas caras conocidas, como el conde de Colombi, K-Hito, D. Álvaro Domecq, D. Antonio Cañero y los señores de Guerra Montilla, además de otros famosos personajes del mundo taurino.

A las cinco de la tarde las cuadrillas iniciaron el paseíllo, bajo los fervorosos aplausos de un público enardecido. Los asistentes requerían la atención de Manolete —el Monstruo, como lo llaman algunos—, y nuestro torero protagonista agradeció fervorosamente la ovación, invitando a sus dos compañeros a compartir con él el aplauso, lo cual dice mucho de su personalidad. Fue reluciente en su vida un carácter generoso.

Manolete recibió el segundo toro de la tarde con unos extraordinarios lances, lo llevaba hacia el caballo, pero el astado no aceptaba los tres puyazos de rigor, ante lo cual el presidente de la corrida cambió el tercio. El califa miró a la presidencia sorprendido, el toro no tenía faena, pero intentó sacársela de todas formas, aunque no lo consiguió. Lo mató de un pinchazo, con una estocada corta, y recibió una fuerte ovación.

El teléfono me despierta de este sueño entre pitones. Esta vez, para mi sorpresa, es mi prima Pilar Ramos Fernández, una cordobesa a quien adoro. En esta ocasión la familiaridad tampoco es biológica, es por elección, el amor por la historia y la letra impresa ha sido el lazo el cual nos ha unido en un eterno abrazo.

Es una mujer de ochenta años encantadora. Un primo hermano suyo nos presentó y enseguida nos dimos cuenta del paralelismo en nuestros pareceres sociales e históricos.

—¡Si es santa Pilar de Ramos! —le digo entre sonrisas—. ¿Cómo estás?

—Bien, Ali, yo estoy bien. ¿Y tú qué haces?

—Terminando de leer la vida de Manolete, me está estremeciendo.

—¡Puf! Aún recuerdo el día de su entierro. Córdoba entera lloró su muerte, prima. Desde una avioneta lanzaban al féretro ramos de flores; de hecho, uno casi me pegó en la espalda. Yo era muy pequeña, salí con mi padre a despedirme de ese grande.

Sigo leyendo tras hablar con mi prima del alma, un regalo de Dios; me ha emocionado aún más si cabe tocar el sentimiento en su voz. El corazón me vuelve a latir con fuerza al seguir las letras.

Los clarines del miedo los hizo sonar Francisco Hidalgo y salió de toriles Islero, el quinto de la tarde. Nuestro diestro más admirado lo recibió con tres verónicas, pero el toro las tomó un poco frenado. Ramón Atienza lo picó, y lo banderillearon Cantimplas y Gabriel González, quien terminó apurado su intervención, pues el toro le cortó el viaje.

Nuestro califa más admirado comenzó la faena de muleta con cinco naturales impresionantes, desafiando al miura, para continuar provocando al burel con otra magnífica serie, naturales de nuevo, molinete con rodilla en tierra... El público enardecido tiró toda clase de prendas al ruedo.

D. Alfredo Martos, director de la banda de música, interpretó esa preciosa pieza compuesta para él, el pasodoble Manolete. Pasado un tiempo, este maestro entre corcheas y pentagramas comentó: «Ese día sonaba de otra manera, ¿sería una premonición?». La piel se me eriza por la emoción.

Manolete siguió toreando con esa «vergüenza torera», no deseaba la fuga del triunfo en su gran tarde de gloria. Su máximo deseo era rematarla consiguiendo los máximos trofeos, pero ocurrió lo horrible, lo que nadie deseaba, el sin remedio alguno... ¡La muerte!

Entró a matar con el pundonor de un gran hombre, de un gran maestro. Se encunó entre los cuernos del toro y clavó el estoque hasta la bola, pero Islero hincó su pitón en el muslo derecho de nuestro héroe y Manolete quedó tendido en la arena, desangrándose. Inmediatamente, sus subalternos, monosabios... lo llevaron a la enfermería. Estaba pálido, lívido. En la arena del albero habían quedado dos regueros de sangre. Manolete cumplió con su obligación hasta la muerte, pues Islero se dirigió hacia las tablas y allí cayó muerto incluso sin la puntilla.

Carnicerito de Málaga cortó las dos orejas y el rabo del toro, concedidos por la presidencia del festejo, para llevarlos a la enfermería. Allí, cuando el califa se recuperó un poco, le preguntó:

—¿Cayó el toro? ¿Me han concedido alguna oreja?

—Las dos y el rabo —le contestó su buen amigo tragando lágrimas de emoción.

Al leer estas letras, los ojos se me llenan de estrellas, los tengo cristalizados con tanta pena por esta trágica pérdida. Entra un guasap en este momento, sacándome por un instante de ella. Es de mi sobrino Daniel. Tras un enlace vienen las palabras: «Tía, tenías razón, Rodolfo y yo nos hemos emocionado. Sin querer evitarlo, hemos compuesto esta cumbia honrando a Manolete». Mis ojos son dos ríos de agua mientras escucho esta pieza compuesta por mis amados familiares e interpretada por su grupo, Kapachi, compuesto por gente joven con el arte en las venas, honrosa y respetuosa con su pasado. ¡Una cumbia para Manolete!

Así murió el califa, una defunción trágica y del todo inmerecida. Fue un amante de sus seres y ante la proximidad de la muerte, sus acompañantes escucharon de sus labios una continua preocupación por su gente, su madre, sus hermanas y el amor de su vida, la dueña de su corazón de hombre, la actriz Lupe Sino. Jesús Helguera pintó un lienzo precioso, *La muerte de Manolete.*

Cierro el libro muy emocionada, sin querer evitarlo, salgo a la terraza. Miro al cielo y, apoyada en mi fe, le digo:

—D. Manuel Laureano Rodríguez Sánchez, mi admirado Manolete, su vida me ha estremecido. El tesón, la fuerza y la realeza bombeaban con fuerza en su corazón. —Y mientras lanzo un beso al cielo, le digo—: Lo llevaré en mi alma EN LA PLAZA DE TOROS DE VALENCIA.

4

En la plaza de toros de valencia

El verano ha hecho su entrada con fuerza en el Estado español. El sol abraza con sus rayos cada rincón, pero en la diversidad de hábitats propiedad de nuestro precioso país, se vive de manera diferente; es muy amplia la diversidad de ambientes. Existen tierras donde reina el secano, el calor es mejor compañero en ellas, abrasa, pero no te baña en transpiración y, al ponerse el astro más reluciente, el solano te refresca, ayudándote a conciliar el sueño cuando llega el momento o, si es necesario, a recuperar el aliento. En mi bella ciudad, la humedad regalada al viento por ese hermoso mar Mediterráneo en ocasiones te alivia, pero durante el día son muchas las horas en las cuales el astro rey es amo y señor, a consecuencia de todo lo cual el ardor es abrasador y te baña en sudor. La noche no alivia en exceso el sofoco provocado por su fortaleza y madrugar te permite disfrutar del reposo del guerrero, la belleza de esta ciudad con historia de realeza, pues el frescor de las primeras horas de la mañana invita a pasear gozando Valencia.

Hoy es 7 de julio, día de San Fermín, una fiesta muy taurina declarada de interés turístico internacional. Esta se celebra anualmente en honor a san Fermín de Amiens en la preciosa Pamplona. Su origen se remonta varios siglos, una lenta evolución histórica cuyos inicios se datan en la Edad Media y reflejada por literatos de la categoría de Ernest Hemingway, quien habló de ella en su obra Fiesta. Uno de sus actos principales es «El encierro», donde se llevan a la plaza los seis toros que van a ser lidiados esa misma tarde.

Mi padre y mi abuelo fueron enamorados de este acto, reflejo de unos cuidados magnos hacia el animal, pues el mismo es espejo de un perfecto estado de salud de los astados.

Son las ocho de la mañana, y en la retransmisión ofrecida por televisión, me dispongo a disfrutarlo. En primer lugar, llama mi atención la afluencia de gente. El locutor, todo un mago, comienza hablando del aumento de población en estos días en Pamplona, revoloteando más o menos por el millón de personas aproximadamente durante la fiesta.

Los protagonistas son seis toros de la ganadería El Pilar pertenecientes al encaste raboso, un toro armónico, en ocasiones puede superar los 500 kilos, físicamente musculado y alegre en su embestida.

El encierro de San Fermín tiene un origen medieval. Los pastores navarros traían toros de lidia desde las dehesas de la Ribera hasta la plaza Mayor, pues esta servía de coso taurino, no existía albero en la ciudad. La noche anterior a la corrida la pasaban acampados cerca y, al amanecer, entraban a la carrera arropados por los toros mansos, también llamados cabestros, mientras gente a caballo o a pie ayudaba a encerrarlos en los corrales.

El recorrido se realiza a lo largo de las calles de la parte vieja de Pamplona. Da comienzo en los corralillos de la cuesta de Santo Domingo subiendo hasta la plaza Consistorial para, *a posteriori,* girar por la calle Mercaderes y acceder a la Estafeta. Esa esquina está muy solicitada por los fotógrafos, pues a partir de ahí se puede ver el tramo recto más largo del encierro.

En el encierro no se puede palpar al toro, se debe correr delante del mismo. Así lo hacen estos atletas valientes a quienes estoy observando en su apogeo, pues su admiración y amor a la res son una constante siempre latente. Al toro no deben tocarlo, eso es incluso sancionable, cuando llegan a la plaza los corredores deben apartarse o aorillarse para dejarlos entrar. En ningún momento deben llamar su atención.

Gozo la agilidad de su carrera, estoy disfrutando historia, preparación física y amor al mundo animal. Pamplona es una plaza de primera, grande, majestuosa, y al llegar a ella entran estos reyes con dos pitones. La retransmisión de este precioso acto donde el toro bravo brilla en su magnitud está terminando, mientras el locutor despide la misma, aún me regocijo en la destreza de esos dobladores introduciendo con los capotes algún toro en los chiqueros. ¡España sonando con fuerza, mostrada en hechos e imágenes! Inevitablemente, sonrío plena de felicidad, estos minutos han sido un placer para una mujer orgullosa de ser de la tierra más hermosa.

En el balcón de mi casa degusto un delicioso café envuelta en el frescor de las primeras horas de la mañana. El estar es agradable. Soy madre, debo hacer unas compras. Me siento fuerte, con ánimos, y decido cumplir con mis obligaciones e ir al centro de Valencia. El centro comercial no está muy concurrido, termino rápido y, al salir, sin querer evitarlo voy paseando a la plaza de toros de Valencia.

La afición por la lectura es nutritiva para el amante del pasado, la cultura y, al observar la belleza del albero valenciano, no puedo evitar recordar su historia, investigada por necesidades del corazón, llena de pasión tras pegar en Salamanca mis primeros capotazos.

En la España de las flores, esta Valencia de mil colores, se tiene constancia de festejos taurinos desde el año 1085. No existía espacio fijo, las plazas de toros se montaban para cada ocasión en lugares como la plaza del Mercado, la plaza Tetuán, la plaza del Llano de Zaidía... Todas eran eventuales, temporales, para fechas concretas como Las Fallas, la Feria de Julio...

Todo eso pasa por mi cerebro mientras me recreo en la hermosura de este monumento arquitectónico tan nuestro. De repente, el teléfono suena. José María Jericó, ese tío regalo del toro bravo, es el emisor de la llamada más sugerente, como siempre un cauce cargado de regalos del más entrañable amor hacia quien le contesta con un:

—¡Tío! ¿A que no sabes dónde estoy?

—Hola, Ali, cariño. No, ¿dónde estás?

—En la plaza de toros, tío. Esta mañana he venido al centro a hacer unas compras, tras ver el encierro, y me he acercado paseando.

—Ha sido magnífico. Escucha, cariño, el tío te llamaba para recordarte que el 25 de julio vamos a una corrida con Chimo.

—¿Sí, tío? ¡Qué bien! Me hace mucha ilusión.

—Quedaremos para comer los tres y nos vamos a los toros.

—Va a ser un día inolvidable, ¡seguro! El día del patrón de España. Es un sueño hecho realidad.

—Entonces, ¿nos veremos, tesoro?

—Tío, te lo garantizo de corazón —le digo, mientras me despido plena de sentimiento y con el más cordial afecto.

Vuelvo a sumergirme en el pasado del ruedo valenciano, llena de pasión por la historia de mi tierra y amor a la fiesta nacional. Cuando la plaza de toros iba de lugar en lugar, se convirtió en un boyante negocio, el cual pasaba de mano en mano. Poco a poco, los festejos gozaban de más popularidad y el hospital de Valencia se interesó por los mismos, solicitando a Felipe III sus derechos de explotación. La intención era emplear las ganancias del negocio para ayudar al necesitado. El rey aceptó la propuesta, pero, lógicamente, debían esperar al fin de los poderes vigentes en el momento. No es hasta el año 1739 cuando el rey Felipe V otorga a perpetuidad al centro clínico la potestad sobre el derecho de explotación de los festejos en las plazas desmontables.

A finales del siglo XVIII, la afición era creciente en cada corrida, las plazas desmontables no eran suficientes y poco a poco fue naciendo la ilusión de una plaza fija. La primera, impulsada por el intendente Urdaniz, quien encargó levantarla con una mitad de mampostería y la otra de madera en los extramuros de la ciudad, junto a la puerta de Ruzafa, tenía 74 metros de diámetro y una circunferencia exterior de 334 metros. Pero duró apenas unos años, su ubicación junto a la muralla de la ciudad la convertía en un peligro para la seguridad de la misma, a consecuencia de lo cual, en el año 1808, debido a la ofensiva napoleónica, las autoridades decidieron derribarla.

Tras la contienda continuaron las corridas ambulantes. En el año 1850, el gobernador Melchor Ordoñez recuperó la idea de una plaza inamovible. El proyecto fue un ruedo colosal, con 462 metros de circunferencia, 86 metros de altitud y un aforo de veinte mil espectadores, pero tampoco consiguió su objetivo. La situación del momento y la epidemia del cólera fueron causa firme para rebajar las condiciones del albero, el cual se vio seriamente mermado en su magnitud.

La plaza definitiva se inauguró oficialmente el 22 de junio de 1859. En 1908 se instaló su tendido eléctrico, con una potencia de 40 vatios, para poder celebrar espectáculos nocturnos. En 1939, tras la cruenta Guerra Civil, durante la cual fue utilizada en ocasiones como prisión, comienzan de nuevo las fiestas.

Inicialmente no tenía corrales, se fueron construyendo poco a poco entre finales del siglo XIX y el siglo XX. El último lavado de cara se le realizó en los años 60, en pleno esplendor de la lidia. Actualmente, dispone de patio de caballos, patio de cuadrillas, palco de honor, corrales, capilla… La plaza de toros de Valencia es obra del arquitecto Sebastián Monleón. Su estilo es dórico, sencillo, y tiene casi cuatrocientos arcos de estilo neomudéjar, otorgantes de una presencia monumental al edificio. Al fin y al cabo, está inspirada en un teatro romano.

El edificio principal de este coliseo valenciano forma un polígono con cuarenta y ocho lados y cuenta con cuatro pisos de casi 20 metros de altura, es uno de los más elevados del mundo entero. Cada uno es poseedor de una balaustrada, la cual confiere al monumento un aspecto clásico, además de una visión exterior muy atractiva.

La plaza de toros de Valencia no olvida a sus grandes hombres, a sus valientes, a la gente enamorada de la fiesta nacional nacida en mi tierra, quienes lucharon y perdieron la vida trabajando por ella en cualquier ámbito. Una preciosa escultura recuerda al banderillero Manolo Montoliu, quien perdió la vida en la Real Maestranza de Sevilla. Otra preciosa y abstracta obra de arte reluce en la calle Játiva en homenaje a Manuel Granero, y una placa en el patio de caballos recuerda al torero violinista, quien biográficamente es una constante perpetua de Valencia. Sin querer evitarlo, me emociono recordando la figura de Canito.

El decano de los fotógrafos taurinos españoles, Francisco Cano Lorenza, Canito, nació en Alicante en 1912 y falleció la madrugada del 27 de julio del año 2016 en Valencia. Una vida dedicada a la fotografía y al mundo del toro, con más de cincuenta años en activo. Pasó a la historia, entre otras cosas, por ser el único en captar la muerte en directo de Manolete o codearse con las principales figuras del toreo y diferentes personalidades nacionales e internacionales. En el año 2014, recibió el Premio Nacional de Tauromaquia, y la valenciana no lo olvidó llegado el momento de su defunción. El velatorio se situó en la plaza de toros de Valencia, Canito dio la vuelta al ruedo a hombros de toreros, rindiendo homenaje a este rey de la imagen.

Envuelta en esa corrida histórica plena de puyazos al corazón, abandono la calle Colón para, dando un paseo, llegar a la Gran Vía Marqués del Turia. Una vez allí, diferentes escaparates llaman mi atención unos segundos, pero una librería me retiene varios minutos, pues la lectura es mi más ferviente afición. Entro en el local, ojeando despacito las diferentes temáticas existentes en la misma, está perfectamente ordenada. Rápidamente, mis ojos tropiezan con un cartel que anuncia: «Tauromaquia». Ojeo diferentes obras con biografías de toreros de renombre, como Ignacio Sánchez Mejías, Juan Belmonte, José Tomás…, pero inmediatamente acapara mis sentidos una novela titulada San Isidro. La compro sin dudarlo, pues va a ser la mejor compañera para llegar a la Feria de Julio.

Al día siguiente abro esas páginas empezando a descubrir los entresijos y la historia de esa fiesta madrileña. La plaza monumental de Las Ventas fue ideada por Joselito el Gallo con la intención de dotar a la ciudad de corridas de toros al alcance de todas las clases sociales. El torero transmitió su proyecto al arquitecto José Espeliú, al mismo tiempo, lo expuso a diferentes aficionados con dos fines tan claros como recaudar fondos y hacerlos parte de la empresa.

Ambos fallecieron antes de finalizar la construcción del albero. En Madrid, hasta ese momento, solo existían corridas de abono en otoño y primavera. Estas fueron suspendidas durante la catatónica Guerra Civil, no se retomaron hasta 1939, con festejos de un solo pago validados entre abril y junio. Esa fórmula duró hasta 1946. En 1947 se hizo cargo de la gerencia de la plaza de toros de Madrid el empresario Livino Stuyck. Este señor decidió reunir en una sola entrega económica continua todas las corridas celebradas en el mes de mayo, y el 15 de este es la preciosa fiesta de San Isidro.

Continúo leyendo apasionada. Las Ventas es la catedral del toreo, deseo descubrir los entresijos de su historia; si el tronco del árbol es fuerte, las ramas son ostentosas en su belleza. Los toreros confirman su alternativa en Madrid y me emociona pensarlo. Esa catedral del toreo es escenario de momentos tan emotivos como clamar al viento: «¡Quiero ser matador!». Al fin y al cabo, Madrid es la capital de España.

La primera Feria de San Isidro se tituló Feria de Madrid. En un principio la formaban tan solo cinco corridas, pero más tarde, en 1956, subieron a diez, para llegar a quince en 1959; un recorrido *in crescendo,* pues en la actualidad se celebran veintiocho festejos durante el mes de mayo y la primera semana de junio. La primera corrida de la feria tuvo lugar el 15 de mayo de 1947, con un cartel de «no hay billetes» claro y rotundo para todos los días de fiesta. En él fueron anunciados Rafael Ortega, Gallito; Manuel Álvarez, Andaluz, y Antonio Bienvenida. Se lidiaron toros de la ganadería brava de Rogelio Miguel del Corral. Los espadas no obtuvieron orejas y Bienvenida fue cogido.

El 9 de mayo de 1948, Manuel Álvarez, Andaluz, cortó la primera oreja de la historia de la feria, y Pepín Martín Vázquez fue su primer triunfador con dos vueltas al ruedo. En el año 1950 se inaugura la Venta del Batán, donde se crea el premio al toro más bravo de la Feria de San Isidro.

Para una mujer como yo, sensible, cariñosa y enamorada con razones de la fiesta más hermosa, es inevitable emocionarse. Cierro las páginas del libro con una idea latente en mi corazón, pensando plena de pasión en algo tan claro como: «¿Cuánto habrán visto esos ladrillos? ¿De cuántos secretos habrá sido caja fuerte?».

Al día siguiente retomo la lectura de estas maravillosas letras, descubriendo la magnitud de la catedral del toreo, Las Ventas. La plaza fue construida en el año 1929 sobre el terreno llamado Las Ventas del Espíritu Santo, y de ahí esa preciosa nomenclatura. Es el mayor ruedo de España, posee una superficie total de 45 800 metros cuadrados y capacidad para 23 797 personas, lo que la convierte en la tercera plaza con más aforo del mundo. El ruedo tiene un diámetro de 60 metros.

La plaza de toros de Las Ventas también es conocida como la «cátedra de los vientos», al ubicarse en uno de los terrenos más ventosos de la capital del país, en el barrio de La Guindalera, céntrico distrito de Salamanca.

La tauromaquia es historia y cultura en el país, algo innegable, por eso en mis últimos garbeos por el albero madrileño me recreo en la majestuosidad de Las Ventas. Un monumento de estilo neomudéjar construido con ladrillo y entramado metálico, plagado de decoraciones realizadas con cerámica vidriada, forjado de rejilla y teja. Cuenta con cuatro plantas de galerías circulares y cinco torretas salientes coronando esa catedral del toreo de España. ¿Cuántas horas de trabajo recoge? ¡Puf, es algo estremecedor, al mismo tiempo, pleno de amor! Al fin y al cabo, el toro bravo es el DNI de España. El país ama la fiesta, mucha gente come de ella, y a los hechos me remito.

Es 25 de julio, día de Santiago Apóstol, patrón de España, y me voy a los toros. Esta mañana he abierto los ojos emocionada e ilusionada, la jornada promete. Termino las tareas matutinas, preparo el ágape para mi familia y feliz me dispongo a arreglarme. ¡Hoy es fiesta grande! Voy a gozar de la Feria de Julio de Valencia.

Sus orígenes se remontan a la segunda mitad del siglo XIX, periodo en el cual se produjo una revolución industrial, por lo cual fue causa de un notable crecimiento de la población y una nueva clase social, protagonista de esta época y manantial emergente de la burguesía.

El punto de partida de la Feria de Julio de Valencia fueron las corridas de toros celebradas los días 23, 24 y 25 de julio con motivo de la festividad de San Santiago y Santa Ana. Valencia-Játiva y, un poco más tarde, Amansa-Tarragona comenzaron a tener comunicación ferroviaria, ante lo cual los aficionados aumentaron, pues venían a ver los toros y eso ayudaba a sobrevivir a comercios y hostales.

Los festejos en su esplendor se organizaron alrededor del ciclo taurino de San Jaime, lo cual derivó en una de las primeras ferias donde se daban consecutivamente hasta seis corridas de toros en formato moderno; su vinculación es ineludible. Los astados reinaban en Valencia mientras exposiciones de plantas, certámenes de bandas de música o esa batalla de flores invadían la ciudad.

El día estalla en su fulgor y Valencia reluce mostrando su hermosura con ese abanico de colores brotados en esta tierra. El paisaje desde el balcón de mi hogar es un puyazo al corazón para una mujer como yo, valenciana de pasión, con la tierra en las venas, como nieta y biznieta de trabajadores de esa huerta de mis amores.

Abro el armario de mi habitación, escojo un vestido acorde con el momento a vivir, pues algo me clama al alma lo mucho a sentir estas horas. Y cepillando mi melena, arreglando mis rizos, de nuevo me invade la pena, pues fui muy tozuda en vida de mi progenitor y no quise ver al toro como un acto de amor animal. A su lado lo hubiera gozado al extremo.

Unas lagrimitas emergen de mis ojos por la emoción. Al secarlas, recordando a mi padre, rememoro tantos momentos de vivencias llenas de sentimiento. Él fue mi mentor, mi referente, mi mejor amigo, el hombre más justo y bueno conocido en cuarenta y cuatro años, además de una constante en mi vida, un verdadero compañero de fatigas. El ser más feliz compartiendo los buenos momentos y un compañero insaciable en los malos. La muerte no nos ha separado, es mucho lo regalado y el lazo está bien atado, simplemente forjado a fuego lento.

A la una de la tarde, bajo a la calle. Mi querido Chimo y el tío José María ya me están esperando en la esquina de casa. Caballeros siempre velando por el bienestar de la dama, no permiten mi soledad en la calle, acto reflejo de modales y señorío. Chimo toma la avenida del Puerto hacia la playa:

—¿A dónde vamos?

—Os invito a comer cerca del mar una paellita de marisco.

—Mmm... ¡Qué bueno!

—Sí —contesta el tío—, a este Chimo todo se le hace poco. ¡Es demasiado! Ya me ha dejado muy claro: «José María, comemos en la playa y yo os invito».

—Bueno, tú nos llevas a los toros. La corrida empieza a las siete de la tarde. Así disfrutamos de la brisa un rato.

—Va a ser inolvidable —contesto feliz.

Ante mi reflexión, mis contertulios responden con una sonrisa complaciente. Al llegar a la Malvarrosa, la playa de las malvas y las rosas, entramos en un restaurante. El arroz más nuestro corona la mesa donde estamos los tres, y las características de las reses de D. Adolfo Martín son protagonistas de nuestra charla.

El tío me explica con todo tipo de detalles, refrendados por mi querido Chimo con asentimientos en sus gestos, diciendo:

—Ali, te va a gustar. Son reses cuyo origen genético procede de los prototipos raciales del encaste Albaserrada, morfológicamente son muy similares a las del Saltillo. Al fin y al cabo, son las castas primigenias del toro bravo.

—Sí —apunta Chimo, en perfecta concordancia de opiniones con su buen amigo—. Además suelen lucir capas cárdenas en todas sus variantes, incluso negras, acompañadas de algunos entrepelados, bragados, meanos, rabicanos, axiblancos, mulatos...

—Soy la alumna más aventajada este día.

Y José María apostilla:

—Más raramente, hay salpicones, listones y ojalados.

Degustando los langostinos más exquisitos acompañados del vino blanco más jugoso, fresquito y sabroso, la charla continúa cuando mi colega me hace ver:

—Los toreros siempre han considerado estos animales como exigentes e inteligentes durante la lidia, se les debe dar la adecuada, pues cualquier descuido o error provoca su aprendizaje.

—Chimo —continúa el tío, arropado por el silencio de mi buen amigo, quien le da la razón por anuencia—, es un tipo de toro encastado, de raza, con temple y bravura.

—Sin duda alguna —le confirma—. Estos toros se caracterizan por su capacidad de embestir, además de su agresividad durante la lidia. El bueno humilla mucho con el morro arrastrándolo por el albero casi abriendo un surco, se emplea en todos los tercios y exige.

—Sí, Chimo, acomete despacio, permite torear con profundidad, pero sin descuidos, pelea hasta el final sin rajarse, no perdona errores y aprende rápido.

—¡Nano! Sabe con certeza algo, que detrás del engaño está su presa.

Esas palabras de Chimo me ponen la piel de gallina y mis contertulios se percatan de la emoción embargante en mi ser. El banderillero, el picador, el matador se juegan la vida en el ruedo y ese sentimiento me provoca un estoconazo al corazón mientras me explican la dificultad en la lidia de los toros del hierro Adolfo Martín.

—Ali —continúa el tío José María—, lo vas a entender enseguida. Una buena lidia precisa de pocos capotazos, los imprescindibles, esperándole mucho y llevándole muy toreado siempre para adelante.

Chimo me da aún más datos diciendo con cautela:

—Cariño, lo vas a ver esta tarde con claridad, es un astado entregado a la suerte de varas, permite lucirse con la muleta, siempre y cuando las cosas se le hagan bien. Para someterlo se le debe llevar toreado en esta suerte, empapado en el engaño, en todo momento por debajo de la pala del pitón, es decir, bajando mucho la mano para ello.

Tomamos un sabroso café, presidente de la tertulia más taurina, pues la ocupan los matadores de esta fiesta de nuestros amores en esta tarde: Rafaelillo, Francisco José Palazón y Román. Estoy callada, descubriendo vidas arrebatadoras, pues el amor al toro bravo es una constante en las mismas, y el tío José María me explica con todo tipo de detalles:

—Rafael Rubio Luján es murciano, Ali. Empezó desde muy joven, con fluidez y de manera magna; llegaron a llamarlo «niño prodigio». Te va a gustar. Además, no se limita a torear, ha participado en jornadas sobre el ganado de lidia y la tauromaquia de Pamplona, actos culturales referentes a la fiesta.

Escucho atenta, eso me provoca ansias por seguir sabiendo, conociendo, buceando en la biografía de estos artistas de los que vamos a gozar en un par de horas. Chimo es quien sigue colmando mis deseos:

—Ali, ya verás a Francisco José Palazón, valenciano, nacido en Petrer. Tiene un concepto del toreo algo distinto. Es de una personalidad muy acusada, el clasicismo y la quietud son dos constantes en su lidia. Es director de la Escuela Municipal Taurina de Alicante.

Las palabras de mi querido Chimo vuelven a sumergirme en un viaje introspectivo, pues me hacen reflexionar acerca de una personalidad de alguien a quien todavía no tengo el placer de conocer. Y mis mentores continúan hablando de Román:

—Valenciano, de padre español y madre francesa. Con tan solo veinticuatro años abrió la puerta grande de la plaza de toros de Madrid, hecho considerado como un hito dentro del entorno taurino.

A las cinco y media de la tarde, cogemos el coche y vamos hacia casa de mi querido Chimo. Al llegar aparcamos el vehículo en el garaje. Por supuesto, hablando del paraíso esperante, nos vamos dando un paseo hacia mi amada plaza de toros de Valencia.

Al llegar allí vuelvo a recrearme en la majestuosidad y belleza del monumento. Entramos por la puerta principal, situada al lado del patio de caballos. Hoy no hay princesa más valenciana, pues acompañada de dos caballeros demostrantes de un amor constante, latente, permanente siempre en su ser hacia la fiesta nacional, me encuentro envuelta en presentaciones de gente maravillosa amante de la fiesta más hermosa.

En un momento dado, José María requiere mi presencia a su lado:

—Ali, cariño, es para mí un placer presentarte a Nacho Lloret, gerente de la plaza de toros de Valencia. Charlando con él también descubrirás muchos entresijos de la fiesta.

—Es un placer conocerlo —le digo mientras extiendo la mano para saludarlo.

—El gusto es mío. Y, por favor, tuteémonos, no me cabe duda de algo, vamos a ser buenos amigos.

Al escuchar esas palabras, una sonrisa ilumina mi rostro. Vuelven a certificar con hechos mis afirmaciones constantes desde mi entrada en el mundo taurino: la lidia es señorío, modales, cortesía y cariño, tanto al animal como entre los amantes de la misma.

—Ya me ha contado José María tu historia. Eres una antitaurina conversa, muy interesante.

—¡Sí! Mi padre fue un enamorado de los toros, pero yo no lo entendía, Nacho. Conocí a Julián Muñoz Alonso, mayoral en el Campo Charro, Salamanca, y al juzgar el toro bravo con los debidos criterios me ha enamorado, es mucho lo que me ha regalado. Ese descubrimiento me llevó a escribir *Entre flores, sangre y arena*.

—¡Una historia apasionante! Cuando termine la corrida, os invito a tomar algo y charlamos un rato.

—¡Perfecto! —contestamos el tío y yo prácticamente al unísono.

Un final magno, la tarde promete. Mi cerebro va moviendo conocimientos adquiridos estas horas, sensaciones y vivencias en la entrada de la puerta grande por el corazón de una dama valenciana y española, mientras nos encaminamos a nuestro sitio.

Una contrabarrera de sombra, en el tendido situado bajo la presidencia, es nuestro lugar. Me siento una reina, la mujer más privilegiada. Suenan los clarines y timbales, el bullicio de la plaza me apasiona. La salida de los alguacilillos anuncia la entrada de los tres matadores cruzando el albero. La plaza está a reventar, plena de aforo. Estamos en el tendido de capotes y gozaremos ese saludo al presidente del acto más español, la corrida de toros, donde cambiarán el capote de paseo por el de brega. Los primeros son verdaderas obras de arte, me recreo en la belleza de esas flores, en el detallismo de esas imágenes, en cada fragmento. ¡Cuánto trabajo llevan!

Rafaelillo es amante del grana y oro; Palazón goza la seda y los bordados en azabache, que en combinación con el verde como tonalidad, provoca cierto aire agitanado, y Román, como dice el precioso pasodoble El gato montés, viste tabaco y oro.

Pisa el albero el primer toro de la tarde, el cual ya de salida, barbea en tablas buscando la huida. Rafaelillo intenta pararlo en más de una ocasión, pero el animal no obedece en su loca carrera. Tras varias vueltas al ruedo, el matador lo consigue andándole para atrás, fijándolo en el engaño y sacándolo a los medios, una acción provocante del reconocimiento del público con una fuerte ovación. El presidente cambia el tercio y aparecen los picadores. Al astado cuesta ponerlo en suerte, junto al caballo, anda distraído sin obedecer a los engaños. Tras mucha insistencia, nuestro maestro consigue colocarlo, pero la res se sale suelta en cuanto siente el hierro. En la segunda intentona nuestro artista lo sitúa frente al equino y el picador lo sujeta con un puyazo provocante de las oportunas repulsiones del animal, pues intenta quitárselo echando la cara arriba y haciendo sonar el estribo. Rafaelillo intenta hacer el quite, pero desiste en su intento solicitando el cambio al usía. El tercio de banderillas es un calvario para los toreros de plata, se esfuerzan en su cometido, clavan tras varias pasadas en falso. La suerte vuelve a cambiar y Rafaelillo, armado de espada y muleta, previo permiso a la presidencia, va hacia el morlaco iniciando la faena por bajo. Intenta someterlo, sujetarlo sin cesar, pues el animal sale buscando el refugio de las tablas, poco a poco, despacio. Intenta sacarlo a los medios en su terreno, en el área de la res, está pegado a tablas. El maestro consigue sacarle, metido entre los pitones, algunos muletazos por el derecho, intentándolo con la zurda sin resultado. Visto lo visto, cuadra al toro y entra a matar, dando un pinchazo sin soltar, cazándolo con una buena estocada al segundo intento. El público, tras el arrastre, premia al torero con una fuerte ovación, y Rafaelillo la recoge desde el tercio en reconocimiento al gran esfuerzo realizado.

Escuchando el aplauso a este gran artista, les hago un comentario a mis caballeros:

—Ha sido difícil la lidia de este toro. Manseaba un poco, ¿no?

Chimo me responde:

—Sí, Ali. Cuando estos toros salen con esta falta de bravura, son muy complejos de lidiar, difíciles. Ya lo has visto.

El segundo toro es un precioso ejemplar, muy bien armado, un veleto con el pelo cárdeno típico de la casa Adolfo Martín. El público lo ovaciona en su salida. Francisco José Palazón sale a recibirlo con un par de pasadas en falso. Tras ello le pega una tanda de verónicas muy toreras, ganando terreno, rematando con una media muy abelmontada y aplaudida por el público. En la suerte de varas, el toro se deja pegar en las dos entradas reglamentarias del caballo. Inicia la faena de muleta tras brindar al público unos soberbios trincherazos, auténticos de carteles de toros. Los muletazos realizados por Palazón sobre ambas manos están cargados de mucha torería, por su profundidad, enjundia y temple. El público estalla en su fervor. Entra a matar con rectitud y cobra una soberbia estocada en el hoyo de las agujas, haciéndole rodar sin puntilla. El público lo obsequia con una fuerte petición de trofeos, no considerada por el presidente, quien le otorga una sola oreja y provoca con ello la enajenación de los asistentes, además de la bronca al palco. Palazón pasea el trofeo en su triunfal vuelta al ruedo.

—Un toro muy distinto al anterior, ¿no? Y menudo estoconazo, ¡cómo ha caído!

—Sí —me dice mi tío sin dudarlo—, así deben morir los toros, rápido y a la primera estocada. Por otra parte, ha sido un gran astado, distinto al anterior, prácticamente contrario a él.

El clarín suena, se abre el portón de los sustos y sale al ruedo el tercero de la tarde. Román se va a portagayola a recibirlo en la puerta de chiqueros. Es un hombre joven, con fuerza, ganas. El ruedo le invade el corazón y estalla en su emoción, desea ser recordado por una actitud magnífica y una faena memorable en su tierra, la bella Valencia.

Un ejemplar majestuoso, negro, con una hermosa cornamenta es el rey del albero en estos minutos. Comienza dándole una larga cambiada para después, ya de pie, recoger al toro con unas verónicas emocionantes y jaleadas por los asistentes. Una vez rematado el recibo de capote, lo deja en mano de los peones para ponerlo en suerte de varas. Román toma los trastos de matar e inicia una faena exponiendo mucho, valiente, citando al toro desde el centro del platillo y dando varios pases cambiados por la espalda, totalmente estático, sin moverse. El público estalla emocionado ante una faena osada, majestuosa, donde, metido entre los pitones, está sometiendo a la res. El burel responde al esfuerzo del torero y los amantes del arte de la lidia se muestran muy emocionados con este artista de la casa en una faena muy emotiva. Román lo mata muy bien, rueda sin puntilla. Los espectadores piden las dos orejas, concedidas, en este caso, por el presidente.

Mi atención la acaparan en este momento los caballos arrastrando al morlaco, dos preciosos percherones perfectamente ataviados, pues sacar al toro del ruedo es un honor para el trabajador del campo. Siempre recordaré esa primera charla con mi buen amigo Jesús Máñez, presidente de la Federación de Tiro y Arrastre, con sede en Albal. Fue un estoconazo a mi corazón de mujer valenciana con la tierra en las venas, las frutas, verduras y flores, pues la huerta en esas tres vertientes corre por mi sangre.

En los años 80, mi tío Manolo Belenguer, Clemencia, era quien realizaba esta faena tan nuestra. El Brillante, ese negro percherón, fue muchas veces primer premio de tiro y arrastre. Ese caballo llegó a mover 1496 kilos; evidentemente, eso solo puede hacerlo un equino perfectamente cuidado. Nunca olvidaré las palabras de mi querido Jesús: «Alicia, tu tío marcó una época dentro del tiro y arrastre».

El caballo era un arma de trabajo agrícola, en ocasiones también se utilizaba para mover escombros de las obras... Al sacar el burel del ruedo, su dueño los luce en su belleza y grandeza, mostrando con hechos su fuerza. El tiro y arrastre se remonta muchos años atrás, pero adquiere más relevancia tras la Guerra Civil, pues en los años 40, Ramón Tamarit, el Morrero, un tratante de caballos de Meliana, los probaba en el cauce del río como hecho de su fortaleza; no en vano el percherón puede llegar a pesar 600 kilos. Es una tradición muy valenciana propia del trabajador demostrante de amor al animal, admiración por su nobleza, realeza y magnitud. La Federación de Tiro y Arrastre lucha a capa y espada por mantener esa costumbre tan nuestra, y quiero dejar muy claro algo: hoy en día los caballos se tienen por afición y el cariño por los mismos no deja de ser un vínculo de unión. El Tango, ese equino propiedad de mi buen amigo, cuando yo lo desee es mío. Simplemente, orgullo de valenciana.

Rafaelillo vuelve a salir al ruedo para su segundo toro y se pega un arrimón desde el principio para encandilar al público. A continuación, lo recibe de salida con lances a pies juntos y cierto riesgo, pues el toro se vence por el pitón izquierdo. Entra al caballo dos veces, y el murciano hace un precioso quite por gaoneras muy aplaudido.

Palazón aprovecha su turno para ejecutar unas hermosas chicuelinas de mano baja, también muy toreras. El murciano brinda al público, en el inicio de faena es volteado, gracias a Dios, sin consecuencias. Encorajinado, el torero se echa la muleta a la izquierda y con mucho riesgo enjareta unos naturales estruendosamente aplaudidos. Se impone al morlaco con un toreo de cercanías, arriesgando mucho, lo cual llega a un público enfervorizado. Entra a matar cobrando un estoconazo, a sus manos van a parar las dos orejas requeridas unánimemente por toda la plaza. Por supuesto, da la vuelta al ruedo feliz, se ha asegurado la salida a hombros junto a Román esta tarde.

El dicho taurino de «no hay quinto malo» esta tarde vuelve a hacerse realidad. El torero alicantino lo recibe de capote, con un repertorio variado, en el cual se mezclan verónicas y chicuelinas, rematadas con una larga cordobesa. Cuando el toro ya ha sido picado con quites realizados por Palazón y Román, ambos muy aplaudidos, se inicia la faena de muleta, previo brindis al tío José María, con estas palabras:

—Te brindo este toro por nuestra amistad, lo mucho que me has ayudado y tu presencia constante en momentos importantes. ¡Va por ti!

Inevitablemente, rompo a llorar de emoción. El tío pone la montera entre mis manos en un claro gesto de cariño a su pupila taurina.

Palazón inicia su trasteo, sometiendo al animal por bajo, para iniciar una faena sobre ambas manos, reflejo de un derroche de arte en su totalidad con gusto y pellizco. Las características de su lidia son mucha firmeza y embrujo. Su arte hace realidad ese dicho de Curro Romero: «El tiempo se para cuando se torea con duende». El maestro creador de esta literaria frase lo definió diciendo: «El duende es ese poder misterioso que todos sienten y ningún filósofo es capaz de explicar».

Palazón demuestra con esos toros difíciles de Saltillo, Albaserrada... que «también se puede crear arte». La faena la remata con una soberbia estocada hasta la bola y el público reclama las dos orejas; en esta ocasión, el presidente las concede sin dudarlo. Un huracán de alegría envuelve el albero ante el triunfo.

Palazón se dirige a nosotros para recoger la montera del brindis, y llena de emoción —pues está entre mis manos— se la devuelvo. A continuación, recoge los trofeos otorgados, con los cuales da la vuelta al ruedo envuelto en un torbellino de aplausos y palabras de aliento.

—¡Cuánto me he emocionado! ¡Ha sido precioso! ¡Una tarde inolvidable!

Chimo me contesta:

—Así es la tauromaquia, mi Ali. Ese es el arte.

Salta al ruedo el último toro de la tarde, un animal entrepelado luciendo una hermosa cornamenta, como sus hermanos. Román sale a recibirlo espoleado por el triunfo de sus compañeros y el suyo propio. Lo recibe de salida con unos lances de capa muy aplaudidos. Una vez picada la res, el torero le hace un espectacular quite por lopecinas, ovacionado por el público. El maestro inicia la faena de muleta, acometiendo pases por bajo para someter al toro, y al tiempo lo prepara para una faena de poder, pues el toro derrota por ambos pitones. Román muestra su valentía, sus ganas de ser figura del toreo realizando una lidia en la cual intenta por las dos astas sacar al toro lo poco bueno que tiene. Finaliza la misma con unas bernadinas muy ceñidas de mucho riesgo, las cuales dan paso a una estocada que le abre la puerta grande junto a sus compañeros. Una tarde triunfal con tres grandes de la tauromaquia. El público la ha gozado, es una tarde para el recuerdo, una corrida creadora de afición, y yo me siento la princesa más valenciana.

En medio de estos dos caballeros a quienes tanto quiero, regalos del toro bravo, aplaudo feliz a rabiar. Una cascada de sentimientos provocados por mi asistencia a esta corrida inolvidable invade mi corazón, ante lo cual demuestro mi alegría con pasión. ¡Unas horas para no olvidar!

Al salir, nos espera Nacho Lloret. Los cuatro juntos nos encaminamos a tomar algo fresquito, necesario para saciar la sed provocada por el calor del mes de julio y el fervor invasor de nuestras almas tras esta tarde imborrable.

Vamos caminando tranquilamente, regocijándonos en nuestros comentarios por el precioso espectáculo al cual hemos tenido el placer de asistir y disfrutar. ¡Todo un éxito! Al llegar a la taberna, pedimos líquido con urgencia, el amable camarero, percatándose de nuestra sed, nos lo sirve prácticamente al instante. Se inicia una conversación agradable, un regalo perdurable en mi existencia, como todos los ofrendados a mi persona por mi querido tío José María Jericó. Se conocen hace muchos años y es él quien comienza la tertulia:

—Conocí a Nacho siendo un chaval, Ali. Estudiando la carrera montó un foro taurino, ha frecuentado tertulias, asistido a coloquios… Su padre era un gran aficionado y, como dice el dicho, «de casta le viene al galgo».

—¡Ja, ja, ja! —La expresión cargada de felicidad de mi nuevo amigo es proferida mientras caballerosamente coloca una mano sobre los hombros del tío, mostrando orgullo, agradecimiento por esas palabras—. Una historia apasionante la tuya, Alicia.

—Bueno, por lo menos es el reconocimiento de un error. Mi padre fue un enamorado de la lidia, del toro embolado, de todo lo referente a la fiesta. En cuarenta y cuatro años, mi única discusión con mi progenitor versó siempre sobre el mismo tema: el toro bravo. Dios puso en mi camino a Julián Muñoz Alonso, mayoral en el Campo Charro, y al juzgar el toro bravo con los debidos criterios me enamoré, como te he comentado anteriormente.

—No te creas que todo el mundo tiene la facultad de escuchar, mi ya querida amiga. Mucha gente se limita a negar refugiándose en esa mal llamada «tortura animal».

—Es tan sencillo como poner intención de entender, desprenderte de prejuicios y darte cuenta de unos hechos reales. Mi padre me decía muchas veces: «Acabadas las fiestas taurinas, el toro bravo está condenado a su extinción». Y al observar me di cuenta de la realidad de sus afirmaciones, por eso nació *Entre flores, sangre y arena.*

—Un título precioso, muy valenciano…

—Yo fui biznieta del floricultor más importante de Valencia, teniendo además la inmensa fortuna de poder conocerlo. Para más inri, fui la primera biznieta. Delante de mí solo hay toros bravos, mis primos me tienen muy mimadita.

—¡Ja, ja, ja! Eres muy salada. Sigue, sigue, es interesante.

—Pues nada, una vez el papá me dijo que el yayo Enrique era adicto a los toros, iba a corridas y tenía abono. No me lo creí y le respondí despectivamente diciendo: «¡Papá, no me tomes el pelo! El yayo era un sol». Al entender el toro, me di cuenta de haber encontrado la revolera perfecta, y por eso nacieron mis letras.

—Es una historia preciosa, voy a comprar el libro.

—Te lo regalaré encantada. Por supuesto, a cambio del café más taurino.

El tío José María sonríe feliz, asiente encantado por la complicidad brotada entre Nacho y yo. Interviene satisfecho, recalcando de la manera más transparente, como el Mediterráneo en poniente:

—¡Claro, podéis quedar! Este hombre ha dedicado su vida al toro y seguirás aprendiendo, mi Ali.

—La verdad es así —contesta, mientras lo miro con una mezcla de admiración y afinidad—. Estudié Derecho, pero dediqué mi vida a la fiesta, luchando a capa y espada por hacerla relucir en su apogeo, además desde muy joven. El toro ha sido mi vida.

Esas palabras me emocionan sin querer evitarlo. Es tarde y decidimos levantar la sesión, convocando una segunda con tan solo dos ponentes, mi ya querido Nacho y yo.

Al llegar a casa, mi marido me notifica las llamadas habidas durante la jornada, pues el bullicio del ruedo me ha impedido escuchar el tono del móvil. La primera es de mi prima María Jesús, con cierto carácter de urgencia, y la segunda es de mis queridos tíos Julián y Charo. Pasado mañana me voy a Salamanca y querrán saber los detalles del viaje.

La premura ante un posible problema familiar me lleva a llamar primero a mi prima, es la hija de mi tío Manolo, ese referente del tiro y arrastre. Tras nuestras recíprocas muestras de cariño, me pregunta:

—Prima, tengo un problema laboral de urgencia. ¿Podrías quedarte con tu sobrino unos días?

—Por supuesto —le digo sin dudarlo.

La tierra valenciana y la sangre son un vínculo de unión de corazón. El viaje puedo posponerlo y, francamente, el tono de su voz me hace ver la gravedad del incidente. El amor me hace callar mis intenciones de viajar a la bella Salamanca y me dispongo a organizarlo todo para mi querido Ufe. Soy su tía y esta es su casa.

A posteriori, llamo al tío Julián para explicarle lo acontecido y mis palabras reflejan la pena, pues me hacían mucha ilusión estos cuatro días en Salamanca.

—Tío, no voy a poder ir. Me da lástima, pero mi prima tiene un problema grave y mi sobrino de tan solo catorce años no tiene instituto, precisa mi ayuda. Posponemos el viaje.

—Ali, ¿por qué no te lo traes? Seguro se lo pasa bomba.

—La verdad sí, tienes razón, tío. Voy a llamar a María Jesús, le parecerá bien.

Y efectúo el oportuno toque, con la certeza de cuál será la respuesta de mi pariente amada.

—Prima, me voy a Salamanca unos días, pero nos han invitado a los dos, al nene y a mí.

—Me sabe fatal, Ali... Te he fastidiado unos planes.

—No me has jorobado nada, teta —le digo mientras nos despedimos hasta mañana plenas de muestras de cariño. Así Ufe y yo disfrutaremos juntos de MAYORAL Y PICADOR, LA BRAVURA DEL TORO EN LAS VENAS.

5

Mayoral y picador, la bravura del toro en las venas

El mes de julio despide en su esplendor la belleza del verano más valenciano. A las 10:30 tiene marcada la salida el AVE, y a las 12:15 estaremos en la capital de España. Borja me llamó anoche y, como siempre cariñoso, caballero, con actos de verdadero «te quiero», empezó una conversación donde este hombre por cuyas venas corre la tierra puso el corazón, pues en cualquier cauce es espejo de amor real, algo nada banal.

—¡Ali, qué alegría! He llegado a casa y mis padres me han avisado de tu llegada mañana.

—Sí, tete, voy con un sobrino mío.

—¿A qué hora llegáis?

—Pues a las 12:15 a Madrid. Imagino que en dos horas más estaremos en La Alamedilla.

—No, Ali, yo estaré en la estación de Atocha para recogeros.

—¡Tete, no! Me sabe mal, son muchos kilómetros y en el tren vamos bien, no te preocupes.

—¡Hasta ahí podíamos llegar! Yo cojo el coche y voy a por vosotros. ¿Cómo se llama tu sobrino? ¿Cuántos años tiene?

—Ufe tiene catorce años, tete.

—¿Ufe?

—Se llama Eufemio, como su padre y su abuelo; Ufe le decimos de cariño.

—¡Y a ti Ali!

—¡Ja, ja, ja! Exactamente, y además es un jinete de primera.

—¡Pues no lo vamos a pasar bien ni nada! No es discutible, Ali: iré a recogeros.

—Gracias, Borja. Eres un sol.

—Y tú la luna más valenciana. ¡España es una!

Sonreí feliz tras hablar con este gran hombre regalo del toro bravo. Borja es picador, con él descubrí los entresijos de la suerte de varas. Es el hijo pequeño del tío Julián y la tía Charo, la última bellota de la encina más hermosa, simplemente un matrimonio enamorado.

A las 10:00 mi esposo nos deja en la estación Joaquín Sorolla de Valencia. En una mano llevo la maleta de ruedas, y en la otra, la de mi sobrino, quien me envuelve en una ráfaga de preguntas. La curiosidad de la adolescencia precisa de respuestas claras, llanas y precisas. Me gustaría, pero mis conocimientos son precarios todavía, ante lo cual prefiero remitirlo a la espera para recibir la contestación verídica, precisa, exacta…

A las 10:30 el tren comienza a hacer su trayectoria y poco a poco vamos recorriendo diferentes lugares. La primera parada, Requena-Utiel, nos advierte de la proximidad de la salida de la Comunidad Valenciana, y así se lo hago saber a mi gallardo acompañante:

—Mira, cariño, ya estamos a punto de salir de Valencia. Esta parada es la última.

—¿Cómo lo sabes, tía?

—La mamá de la tía es de Villargordo del Cabriel, ese pueblo es el último de la provincia, y estamos muy cerquita de él.

Efectivamente, en pocos minutos paramos en Cuenca, en la estación Fernando Zóbel, y con una puntualidad ferroviaria, a las 12:15 desembarcamos en la estación de Atocha.

Mis primeros pasos en la capital de España me envuelven en el regalo más deseado, el abrazo de mi querido Borja. Tras gozar de esa muestra del más entrañable amor, vuelvo a tomar la mano de mi sobrino para presentarlos cortésmente:

—Ufe, cariño mío, Borja es muy amigo de la tía Ali. ¿Te acuerdas de cuando la tía te decía «tengo un amigo picador, en Salamanca subirás mucho a caballo»? Te hablaba de él.

—¿Qué pasa, nano? —le contesta mi compañero del alma mientras extiende la mano para saludarlo.

Borja es un hombre muy empático, ha recorrido muchos lugares, tenido trato con diferentes personas, y eso le ha reportado unos conocimientos y un señorío de los cuales son espejo sus actos de cortesía. Ufe responde a su saludo y los tres emprendemos el viaje a esas bellas tierras, el Campo Charro, arropados en una charla donde el toro bravo vuelve a ser protagonista y causa justa de un sentimiento forjado a fuego lento. Algo tan sencillo como amor al campo y a los animales. ¡A la vida!

—Me ha dicho la tía que montas muy bien a caballo. Estos días vamos a hacerlo mucho.

Ufe responde con un gesto de resignación orgullosa ratificado por anuencia, pues no desdice al conductor del trayecto más taurino.

—Tete, te he hablado en más de una ocasión del abuelo de Ufe. Mi tío Manolo fue campeón de tiro y arrastre doscientas treinta y dos veces. El mundo equino valenciano este chaval lo lleva en las venas.

—¡Ay, sí! Ahora lo recuerdo. Me dijiste que tu tío sacaba morlacos del ruedo.

—¡Sí! —responde feliz nuestro benjamín, percatándose del cariño y la mutua confianza entre Borja y yo. El amor a los animales es una firme alianza y mi Ufe lo nota, lo cual le da seguridad, pues se percata de la bondad de esta persona sin ninguna vanidad.

Poco a poco vamos llegando al Campo Charro, esa hermosa dehesa de la cual es el rey el toro bravo. Un precioso terreno llano, en ocasiones ligeramente ondulado. Despacio, las encinas van haciendo su aparición, además de los pastos. Ufe se percata de la presencia de charcas y arroyos, ante lo cual Borja inmediatamente le aclara:

—Los animales beben, campeón. Y, además, todo lo que quieren depende de su sed.

Ufe sonríe complacido e incluso sorprendido cuando, llegando a la ganadería de Manolo Gimeno, divisa los primeros pitones.

—¡Anda, allí hay un toro!

Borja le contesta sonriendo:

—Es una vaca, machote. Vas a ver muchas estos días.

Manolo es dueño de dos ganaderías, Manolo Gimeno y Monteverde. Sale a recibirnos rápidamente, su rostro es reflejo de felicidad y alegría. Está muy contento de volver a tener en su hogar a su valenciana favorita. Un abrazo ratifica la reciprocidad del sentimiento.

—Y este chavalote, ¿es tu hijo?

—No, Manolo, Ufe es mi sobrino. Ya verás cómo monta a caballo.

—Aquí vas a ver muchos, lo vas a tener que demostrar.

—Vale —contesta feliz, con una sonrisa muestra de un sentimiento claro de sinceridad y llaneza.

Manolo le pone la mano en el hombro al chiquillo, en un claro gesto de confianza, haciéndole ver el cariño a su tía, a mí, y dejando muy claro con sus gestos algo, estamos en nuestra casa. No van a negarnos nada, ni un capricho, ni una explicación…

El encuentro envuelto en la manta más tersa y suave, la tauromaquia, se enriquece aún más si cabe con la aparición en escena del tío Julián y la tía Charo. Los tres nos fundimos en un abrazo casi eléctrico, pues está cargado de sentimiento, causa de las explicaciones hace un par de años de mis mentores, quienes me hicieron descubrir la fiesta nacional en su grandeza y realeza.

Inmediatamente, requiero la presencia de mi sobrino a mi vera. El amor entrañable hacia esos tíos, regalo de la pasión por la res, merece unas formas de cortesía, hoy en día prácticamente perdidas, precisas de recuperar y urgentes de enseñar.

—Ufe, cariño, saluda al tío Julián y a la tía Charo. Nos vamos a quedar con ellos en su casa. ¿Te acuerdas de cuando te explicaba la labor del mayoral? Él es mayoral.

—Tenía muchas ganas de conocerlo. Mi tía me ha hablado mucho de usted.

—Y a mí me ha dicho que montas muy bien a caballo. Ven conmigo y con Manolo, vamos a ver unos cuantos.

Ese póker de jinetes a quienes adoro desaparece de nuestro ángulo de visión en pocos minutos. Se encaminan hacia la yeguada para gozar de la elegancia y la nobleza de este hermoso animal. Manolo Gimeno, ese ganadero de mi alma, tiene una. Los caballos para el campo llevan tres sangres, va comentando su dueño, generalmente con una base de español o lusitano, para *a posteriori* ser cruzados con equinos hispanoárabes o angloárabes. Descubre todo tipo de aclaraciones ante las primeras cuestiones a resolver planteadas por el príncipe del encuentro.

La tía Charo y yo decidimos, tras más muestras de cariño entre nosotras, seguir a los más experimentados caballistas. Manolo y Borja continúan colmando las ansias de saber de mi sobrino sobre las propiedades del animal, cubierto de caricias por mi pequeño:

—Son caballos de corazón, valor y con unas características físicas muy importantes.

—¿Como cuáles?

Y en este momento es el tío Julián quien le aclara:

—Son ágiles, finos, atrincherados, estilizados y la nobleza es su peculiaridad prioritaria.

Borja prosigue con sus explicaciones diciendo:

—Yo particularmente prefiero el hispanoárabe, campeón. Ese cruce le aporta mucho corazón, es un caballo entregado, tiene actividad y mucho aguante, como español. Por otra parte, su alzada es mediana, no es excesivamente alto, y eso ayuda en el trabajo del campo y la monta.

—¿Pero qué haces con tantos caballos? ¡Tienes un montón! —exclama mi rubio favorito.

Manolo, sin dudarlo, le cuenta con detalle:

—Crío caballos para mí, los sobrantes los vendo. Además, valen para todo tipo de deportes…

—¿Cuánto pesan?

—Entre 500 y 600 kilos —contesta el maestro, más aventajado en conocimientos.

—¿Sabes domar? Mi tío Manolo lo hace.

Y mi sobrino sonríe placentero al ver mi gesto relajado respondiendo con un sí a esa cuestión, pues los dos lo hemos vivido de la mano de mi primo, hermano de su madre. En esta ocasión es mi ganadero del alma quien nos facilita más ornamentos a la faena de la doma:

—El caballo es un animal salvaje, se le doma con cariño, con paciencia…

—¿Le haces daño?

—¡No! Hijo, simplemente debemos cambiar su voluntad mostrando autoridad sin violencia. El caballo es un animal muy resabio, si te vas a pelear con uno, estate seguro de ganar la batalla.

Inevitablemente, la fuerza del recuerdo me hace intervenir en estos momentos, recordando mi primera estancia en Salamanca, cuando nació Sócrates, un potro rechazado por su madre, que era primeriza. Cinco horas tardaron en sacarle el calostro a la yegua de las mamas, poco a poco con una jeringuilla, para poder alimentar a ese campeón, consiguiendo enriquecer la fuerza del potrillo. Con paciencia y tenacidad, mi admirado ganadero logró su objetivo, fortaleza para ese filósofo precioso a cuatro patas.

—Ese de ahí es Sócrates, de quien te está hablando la tía.

—¿Y ya está domado? —le pregunta mi pequeño mientras lo mira gozando de su belleza.

—En la doma básica sí. Ya tiene dos años. Ya veremos cuál es su destino y en función de ello obraremos.

—¿Cuántas veces comen al día aquí? Mi tío les da tres veces, ¿verdad, tía?

Asiento con la cabeza, mientras el profesor aclara:

—Mira, cariño, en el caballo el sistema digestivo es lo más delicado. Vale la pena hacerlos comer muchas veces, pero menos cantidad.

Borja pone el remate a la entrada por la puerta grande de la ganadería más deliciosa y hermosa: coge a Sócrates, le pone la silla de montar y le dice a Ufe:

—¡Venga, campeón, demuéstranos de lo que eres capaz!

Mi rubiales comienza a trotar subido en el vehículo mejor cuidado y más hermoso, entre los aplausos de los asistentes al acto, reconocen su buena monta y la pericia de mi sobrino manejando el caballo. Mientras, mi cámara de fotos es una ráfaga de relámpagos constantes, el *flash* funciona; la fuerza del corazón me pide recuerdos de estos instantes con pasión.

La hora de comer se aproxima, el tiempo nos está pillando. La tía Charo y yo nos encaminamos a la cocina. Mi deseo es ayudarla a preparar cualquier cosa. Tengo muy claros dos términos, me enseñará y aprenderé otra manera de comer, de degustar el más exquisito manjar.

—¿Qué vamos a cocinar?

—Rabo de toro.

—¡Anda! ¡Qué bien! Me va a encantar aprender.

Entramos en el recinto, comenzamos, despacio y con cautela, a preparar los ingredientes. La curiosidad me come por dentro, el guiso de rabo de toro es uno de los estofados españoles más famosos y valorados. Incluso hay un rumor revelador de un vicio inconfesable en los tiempos actuales: es imposible probarlo por primera vez y no repetir tras un primer contacto con el sabor fino y compacto del rabo de toro al vino tinto. ¡Todo un arte!

La tía, con mucha pericia, lo tuvo ayer hirviendo tres horas y media, ya tiene el rabo troceado. Tras sacarlo del recipiente hermético donde lo trae, lo enharina ligeramente y lo fríe en aceite de oliva. Después mete ese manjar con verduras en una cazuela de barro para que se concentre, rociándolo con un poquito de pimienta. En diez minutos, está listo.

—¿A qué te ayudo, tía?

—Tranquila, yo lo hago, si no me cuesta nada.

Es una mujer cariñosa y trabajadora. La felicidad por nuestra estancia en Salamanca es cariño de verdad, y eso enamora.

—¡Mmm...! —exclamo sin poder remediarlo, pues nos hemos sentado a charlar y estamos tomando un café.

—Está rico este café, ¿eh, cariño?

—Sí, muy bueno, pero el olorcito del guiso es demasiado.

—¡Ja, ja, ja! —ríe mi amada tía Charo, mientras me acaricia la coleta con cariño.

A las tres y media de la tarde aparecen los comensales invitados al banquete más español, rabo de toro. Nos sentamos a la mesa y calmo la euforia de un adolescente feliz ante los acontecimientos vividos en tan poco tiempo invitándolo a probar este manjar.

—¡Mmm, tía! ¡Qué pasada! ¡Está buenísimo!

—Sí, cielo, está riquísimo. La tía Charo es una artista.

—Come, debes ver muchas más cosas y vas a montar más, has de estar fuerte —le indica Borja.

—Sí —apostilla el padre, reforzando las afirmaciones de su hijo pequeño—, el animal requiere mucho trabajo y tú estos días nos vas a ayudar. Mira, mis abuelitos ya tenían ganado manso: vacas, ovejas, cochinillos... Y yo los he ayudado siempre, pero eso precisa ganas y fortaleza. ¡A comer, campeón!

—¿Qué más animales voy a ver?

—Muchos —le contesto sin dudarlo—, toros bravos, mansos cerdos... Y el regalo constante del campo, hijo.

—Esta tarde vamos a empezar dando un garbeo entre toros bravos, el rey de reyes, como dijo esa película.

—A mí me duele un poco la cabeza, estoy cansada.

Ese malestar viene provocado tanto por las secuelas de un derrame cerebral que padecí hace siete años a raíz de una malformación venosa congénita, angiomas y cavernomas cerebrales, como por los pormenores del viaje. La tía Charo me indica cargada de cariño:

—Alicia, deberías tumbarte un ratito y descansar.

—Tía, me sentaría bien, pero me sabe mal dejarte con todo esto así.

—Yo lo haré. Vete tú a descansar un rato.

La tía toma mi mano y me acompaña a la habitación. Dejo a mi sobrino con mi querido tío Julián, Borja y mi ganadero favorito, Manolo Gimeno. Ufe me mira con cara de duda, lo cual es lógico, pues acaba de conocer a sus acompañantes, y responde con una sonrisa cuando le indico con la mano: «Ve, ve tranquilo, lo vas a pasar muy bien. ¡Te estoy dejando en las mejores manos!».

Julián Muñoz Alonso nació en Monroy (Cáceres) el 29 de enero de 1949. Desde muy niño vivió la vida animal, pues como le ha comentado a mi pequeño hace unas horas, sus abuelos tuvieron ganado manso: vacas, ovejas, cochinillos... El toro bravo siempre fue parte de su afición y en el año 1996 entró en la ganadería de Ceferino Capilla Blasco como mayoral, en la finca El Rinconcillo, hoy ya desaparecida, situada en el término municipal de Trujillo, colindante a la cuna de mi querido tío Julián. El encaste de los animales pertenecientes a la misma era Contreras, procedente de la casta Vistahermosa. En su pelaje predominan los castaños y colorados, de cuernos son engatillados, tienen cabeza chata, hocico ancho y un tamaño medio.

Allí aprendió el manejo de las vacas y comenzó su labor como vaquero, pero en poco más de un mes ascendió a su amado puesto, pues quiere al animal, y se convirtió en mayoral. Es un padre responsable, ante lo cual sus hijos fueron creciendo y la adolescencia les hacía precisar de control paterno, decidió aceptar la oferta del ganadero de la finca La Ermita, pues estaba situada en Salamanca y sus vástagos debían prepararse académicamente hablando. El ganadero era extremeño también, de nuevo un lazo bien atado.

Esta ganadería pertenecía al encaste Atanasio Fernández, también oriundo de Vistahermosa forjado con toros del Conde de la Corte. En ella había trescientas vacas madres. Los animales son toros altos de agujas, con gran desarrollo del tercio anterior, dándose tipos aleonados, ensillados, plantados de atrás y delante... La cola es larga y gruesa, con borlón abundante. En su comportamiento destacan por su nobleza y fijeza durante la lidia.

He dejado a mi descendiente con mentores de primera categoría alrededor de esos morlacos de nuestros amores. Van a pasear por las fincas de Manolo; tiene dos hierros, tanto Manuel Gimeno como Monteverde. Mi ganadero favorito quiso ser torero, llegó a novillero con picadores, pero esta profesión la ejerce por verdadero amor al astado. Su padre tuvo un negocio relacionado con el automóvil, pero la afición a ambos les pegó un puyazo al corazón. Comenzaron con ganado manso, siguieron con bravo y, desde el año 92, se hicieron con los dos hierros. El encaste es

Raboso, un Aldeanueva vía Domecq. Es un toro armónico bajo de tipo, un astado hondo, un poco vasto pero muy noble, no es excesivamente agresivo, pero al mismo tiempo resulta aparatoso de pitones. El color predominante entre los animales de los hierros a visitar es el negro, y tengo la completa certeza de algo: mi Ufe esto lo va a disfrutar.

Abro los ojos a las siete de la tarde, por el chillido feliz y asombrado de mi sobrino:

—¡Tía, qué bien me lo he pasado! ¡Ha sido maravilloso!

—Cuenta, cuenta —le digo saliendo del sopor de la siesta.

Y juntos salimos a la sala mientras me explica apasionado:

—Tía, he visto nacer un becerrito. ¡Era más chiquitín! ¡Y me ha dado una pena!

Manolo se acerca para aclararme el motivo de ese sentimiento. La vaca había rechazado al pequeño y Julián, sin dudarlo, preparó el calostro para poder alimentarlo.

—¿Y cómo lo has hecho, tío? Cuando estuve aquí no se dio esa situación.

—Pues calentando leche con urgencia, cogiendo una yema de huevo y mezclándola. Le daremos ese biberón un par de días, eso le dará fuerza.

—¿Mañana me dejarás dárselo a mí?

—Esperemos que sí, ya habrá tomado algo y será más fácil.

Son las siete de la tarde. El ambiente es agradable, el solano comienza a soplar, refrescando, provocando un goloso bienestar, lo cual invita cortésmente a pasear gozando de la madre tierra y lo mucho regalado por ella.

Salimos de nuevo a la ganadería. Entre encinas divisamos constantemente pitones de unos utreros brillantes en su armonía, elegancia y fortaleza. Vamos andando despacio, charlando, disfrutando de nuestra compañía, algo deseado, pues es el mejor presente de un sentimiento siempre latente, ¡amor a la vida!

Borja lleva a Ufe de la mano. Por los gestos y los ademanes de mi buen amigo, tengo la certeza de algo, está dándole aclaraciones con todo tipo de descripciones. La curiosidad me lleva a su altura. Al lado de mi chaval, escucho como le cuenta:

—En el año 1997 me aficioné a los caballos, me puse a trabajar con mi padre en la ganadería de Ceferino Capilla y cuando nos fuimos a Salamanca, seguí allí de vaquero hasta llegar a mayoral.

—¿Por eso sabes tanto de animales? ¡Sabes un montón de caballos!

—¡Claro, nano! Yo soy picador.

—¿Y no te da pena hacerle daño al toro?, ¿hacerle sangre?

—¡Ja, ja, ja! No sé a quién te parecerás —le dice, mientras me mira con una mezcla de cariño y picardía—. Cuando conocí a la tía, ella pensaba lo mismo, se lo expliqué, escuchó y cambió de opinión. ¿A que sí, Ali?

—Sí —contesto sin ningún tipo de apostilla, pues no cabe ninguna duda. Y dejo a mi amigo del alma continuar su lección.

—Mira, Ufe, el toro bravo es un animal de combate, desde su nacimiento desea luchar, pelear, batallar. Por eso mi papá no te ha dejado darle el biberón hoy al becerrito, porque le daba miedo por si te topaba, pues incluso recién nacido puede hacerlo, ¡en cuanto anda y pone las cuatro patas en el suelo! Cuando el animal sale al ruedo es muy grandote, lo vas a entender rápidamente, la adrenalina les sube.

—¿La adrenalina?

—Sí, cuando tú juegas al fútbol, te enfadas con la mamá, con la tía, o te peleas con un amigo…, ¿no te pones un poco nervioso?

—Sí, a veces sí.

—Bueno, pues es algo parecido. Entonces, cuando le clavo la puya al toro, consigo hacer circular la sangre y eso evita infartos o cualquier problema de ese calibre.

—Pero les harás daño.

—Bueno, está claro algo, no los estoy acariciando. Pero mira, cuando tú te das un golpe, ¿cuándo te duele más, cuando te caes o al rato?

—Cuando se enfría. En enero me hice una fisura en la muñeca y al caerme me dolía, pero cuando llegué al hospital veía las estrellas.

—Pues es lo mismo.

En todo este garbeo para ir a visitar el cercado de cerdos, me regocijo en el saber y la clase de Borja Muñoz Muñoz. Mi picador nació el 13 de noviembre de 1979 en la bella localidad, brezo de la familia, Monroy, Cáceres. Trabajó con su padre en la ganadería Ceferino Capilla, donde empezó a picarle el gusanillo al conocer a los primeros picadores, y cuando se trasladaron a Salamanca, en La Ermita lo dejaron picar, pleno de alegría al cumplir su sueño. Ya de muy niño su más ferviente deseo era hacer algo con el más magno animal, el toro bravo, y lo consiguió, pues la tenacidad y la constancia son dos valores los cuales alcanzan en Borja su máximo exponente. La necesidad de superación en su personalidad es un sentimiento siempre latente, además de reflectante en sus amores a los animales.

En el año 1999, picó casi todos los tentaderos de becerras en su lugar de trabajo, y en el 2000, a lomos del Moro, ese caballo propiedad de su padre, un precioso hispano-lusitano, los toreó todos, adquiriendo una experiencia precisa para los tiempos venideros.

En el año 2002 se hizo picador profesional. Miguelín Murillo es un matador constante en sus primeros años, toreó con el maestro toda la temporada del 2003 y el 2004. Espartaco, Tomás Rufo, Antonio Joao Ferreira, Mateo Guillón, Manzanares, José Tomás, el Litri... son nombres presentes en su currículum profesional, protagonistas de muchos de los festejos taurinos donde trabajó mi querido picador.

Además, ha toreado en muchos lugares, entre ellos el Valle del Terror, esa magnífica feria celebrada en Cenicientos, Madrid, la cual destaca por su pasión por el toro íntegro, bravo, fiero y encastado. Ha toreado en mi Valencia del alma, en la Feria de San Isidro de Madrid, en la Feria de la Vendimia de Nimes, en diversos lugares, y con carteles de extrema importancia. En Francia padeció un percance fuerte, pero volvió a subir al caballo impartiendo al astado el último puyazo, para *a posteriori* ir al hospital, lo cual dice mucho de su instinto de superación y persistencia en el ejercicio de sus funciones como picador; allí ha conseguido varios trofeos.

Manolo llama a mi sobrino en este momento, pues hemos llegado a nuestro destino, el cercado de los cerdos. Mi ganadero favorito los tiene para consumo propio. Son de dos razas, el cerdo ibérico y el híbrido, el cual está cruzado con duroyense.

Ufe abre los ojos como platos y se aproxima al cercado mientras mi querido amigo le explica:

—¿Ves? Saben que les vamos a echar de comer, por eso se acercan tan contentos.

—¿Qué van a zampar? —pregunta, envuelto en su necesidad de saber típica de la juventud y con la curiosidad del niño deseoso de conocimientos.

—Un pienso compuesto de cereales y variados componentes, preparado por un nutrólogo. Ese señor es un especialista en nutrición animal y en cuántas veces les debemos dar de comer.

—¡Anda! Yo te ayudo.

—Pues, ala, va.

Y la máquina de mi teléfono móvil vuelve a desprender una tormenta de relámpagos, precisa como estoy de pruebas fácticas plenas de momentos imborrables para mostrar a mis primos.

—Pero… ¿hay dos tipos de cerdos? Son de dos clases.

—Sí. Mira, el cerdo ibérico es ese. Hace unos quince años estuvo incluso en peligro de extinción, pero la calidad de su carne ha reavivado su crianza. ¡Está muy rico! Además, es una raza española, ¡muy nuestra! El otro es el cruzado con duroyense, este da más carne. Yo los tengo para uso propio.

—¡Anda, esos son muy pequeñitos!

—Tienen tres días, cariño. Son «tostones», pero se harán grandes, poco a poco ya lo verás. A esos les ponemos otro tipo de pienso, deben hacerse fuertes. Ahora son muy chicos, pero cuando lleguen a la matanza rondarán los 160 o 200 kilos.

Las nueve de la noche avisan de la necesidad de comenzar a preparar la cena. La tía y yo, como madres y esposas responsables, anunciamos el momento de levantar la excursión. Caminando tranquilamente, llegamos al coche y nos despedimos de Manolo hasta mañana, pues volveremos felices a seguir gozando la vida en el campo. Borja arranca el motor y en poco tiempo estamos en casa de los tíos.

Inmediatamente, Charo se pone a preparar la cena. Yo pelo patatas a su lado mientras la escucho protestar, pues quiere que descanse; simplemente, amor de verdad. Escuchamos a Julián explicando al pequeñajo la diferencia entre encastes, descripciones enriquecidas con las palabras de Borja, y como vaticinamos la tía y yo, mostradas de cara con fotografías. Al amante de la res no le faltan pruebas ni argumentos para hacer ver su magnitud y el porqué de su presencia en el ruedo.

En media hora comienzo a llevar a la mesa unos chuletones exquisitos, jugosos, hechos en su punto, y los degustamos a placer envueltos en recuerdos de lo vivido hace unas horas. Unas perrunillas, dulce típico extremeño, ponen la guinda al pastel de un día inolvidable y preludio de jornadas memorables.

A los mayores, el cuerpo nos exige un café, aunque decidimos tomarlo descafeinado, pues mañana debemos madrugar para seguir gozando la magnitud del Campo Charro. El tío pone música en el aparato, ya que el lenguaje más selecto invita al relax en las horas del descanso, y de golpe el flamenco inunda el comedor.

La tauroflamencología se refiere a la relación entre dos fenómenos culturales, el flamenco y la tauromaquia. Sus inicios están en Andalucía, pero después se extendió al conjunto de España y algunos países de América Latina.

Ufe comienza a escucharlo en silencio mientras el tío le aclara:

—¡Es flamenco! Este tipo de cante va cogido de la mano del toro bravo, hijo. ¿Te gusta?

—¡Bueno! —responde mi sobrino con un gesto de resignación, pues no acaba de entender, hasta que mi querido tío empieza a entonar Los Tientos.

Los arpegios de esa guitarra exaltan la belleza de nuestro país y mi cantante favorito. «Mi mayoral me ofrece una garrafa de vino, a la sombra de la res…». En mis ojos valencianos, a causa de la emoción tiemblan dos luceros que son dos tiranos sin poder evitarlo. El cantaor más aventajado prosigue en su arte entonando unos fandangos, una soleá… España entera invade el recinto.

Envueltos en serenidad y plenos de vanidad por el orgullo de nuestra hispanidad, nos vamos a descansar. Ya son las once de la noche, y mañana a las ocho nos espera Manolo en la ganadería. El refrán lo dice claramente, «no por mucho madrugar amanece más temprano», pero al amante del trabajo del campo lo ayuda a laborar más pacientemente, y el tiempo es oro cuando el bienestar de los animales depende del ser humano.

A las siete de la mañana, las caricias de la mano de la tía en mi melena provocan el más tierno despertar. Ufe y yo salimos al comedor, degustamos el desayuno más rico y nutritivo, para encaminarnos de nuevo a nuestro destino y gozar del animal más hermoso.

Camino de la ganadería, el tío le va explicando a mi sobrino:

—Ahora cuando lleguemos, les daremos de comer a los novillos, a los erales, a los de dos añitos.

—¿Te podré ayudar?

—Esperemos, pero hazme caso en todo, ¿eh, mi Ufete?

—Sí, tío, sí. La tía lo sabe, yo soy muy obediente.

—¿Qué comen los toros erales?

—Vamos a ver, los toros comen pienso rico en proteínas, pues se deben fortalecer en su raza; ahora se lo pondremos. También comen verde del campo, bellotas… El alimento para un animal de dos años es diferente al de uno de cuatro, está más enriquecido en algunos compuestos, porque esa res debe crecer.

—¿Y voy a poder ayudarte?

—Mira, hijo, es importante entender el comportamiento de la vaca o del toro, violento a pesar de ser joven, ya no son becerros. ¡Y acuérdate del de ayer, era muy bravo!

—Sí, eso es verdad, incluso me asusté un poco.

—¿Ves? Y acababa de nacer. A los dos años los machos van delimitando mucho más la jerarquía de la manada: el más grande manda y los pequeñitos son los subordinados. A ver cómo están.

Manolo nos está esperando ansioso, es un trabajador voraz, pero nos prometió no empezar para poder mostrarle a Ufe al llegar el mucho trabajo a realizar. Cuando llegamos donde los erales, el remolino de juegos entre ellos no reporta ni a mi mayoral ni a mi ganadero ninguna seguridad, y nos indican demostrando cariño:

—Quedaos aquí, está la cosa un poco revuelta.

Vemos cómo les ponen el pienso. En su inteligencia, intuyen la presencia de la comida, luego corren hacia ella. Es importante cuidar al toro y tenerle cautela.

A continuación, dos vacas a punto de conocer las bendiciones de la maternidad aparecen en nuestro ángulo de visión. El manejo de las mismas debe ser óptimo y adecuado, de eso depende el bienestar del novillo. Los fetos ganan la mitad de su peso corporal en los últimos tres meses de gestación, y así nos lo explica el dueño de este paraíso, pues por ese motivo cambia el pienso a impartir. Entonces el camarero más guapo es quien coloca ese manjar con los nutrientes indispensables para el desarrollo de las crías.

En el todoterreno llegamos a las cuadras. El póker de jinetes con más pericia hace gala de su soltura a lomos de esos equinos montando cuatro divinos. La tía y yo nos quedamos tomando un café tranquilamente, comentando la dureza del trabajo en el campo. Hemos llegado hace apenas dos horas y, velando por las necesidades de los animales, no ha sido excesivo el trabajo realizado hasta el momento, con lo cual acabaremos más tarde de lo esperado.

—Si es que es un no parar —comenta resignada—. Cuando no son los añojos, son los erales y, si no, los utreros... El animal es un carro de necesidades.

—Para que luego este falso animalismo vaya haciendo gala de su amor al mundo natural. ¡No lo puedo entender! ¡Y nos tachan de asesinos! A mí me costó darme cuenta; de hecho, no lo hice hasta vuestras explicaciones cuando vine a Salamanca la primera vez. Mi padre tenía razón, siempre me decía: «Hija, acabadas las fiestas taurinas, el toro bravo está condenado a su extinción. ¿Quién lo va a cuidar?».

Pasada una media hora, se oye el trotar de los caballos cada vez con más fuerza, se aproximan a nosotras. Al llegar a nuestra altura, paran en seco y el tío me explica:

—Este Ufe es un maestro en la monta.

—Ya lo sabía, tío. Sube a caballo desde muy pequeño.

—Pero encima es valiente el puñetero —me explica, mientras una carcajada orgullosa del protagonista nos acompaña—. Hemos estado con los utreros y le he explicado que el toro bravo antes de arrancar mueve las orejitas. Estaban lejanos y cuando estábamos terminando de ponerles el pienso, uno ha venido cara a nosotros, por supuesto, tras hacer el oportuno aviso. Ha saltado a lomos del caballo y hemos salido del cercado.

—¡Toma! Muy bien. Ese es mi chico.

—Pero no sabes lo mejor, Ali. El utrero se ha salido del cercado; como te expliqué, debe entrar por el mismo sitio, eso le da seguridad en la estancia. Y, como tú dices, jugando al «corre que te pillo», tu Ufe lo ha metido, lo ha hecho correr unos metros detrás de él, para después meterse en el mismo hasta casi el final y galopar hasta la entrada ganando la carrera más dura.

—¡Olé! —le digo envuelta en una sonrisa.

—Vamos a dejar los caballos y venimos a almorzar.

A los pocos minutos desaparecen de nuestra vista. Ambas pensamos lo mismo: «No tardarán en llegar». El trabajo entre animales provoca una tensión avivada con durezas del corazón, ¡y más en los tiempos que corren! El cansancio psíquico en ocasiones provoca cansancio físico, debemos pensar cómo actuar delante del animal, no es una persona, luego el animalismo mal denominado provoca accidentes diversos y desaparición de muchos de los mismos. El caballo, el toro, las vacas... tienen una función. Cuando yo voy al supermercado, tiro y arrastro del carro, y muchas veces por muy lleno que lo lleve ni siquiera me ayudan. ¿Me consideran menor a un percherón? ¡No entiendo lo que está aconteciendo en este momento en España! ¿Comparan las necesidades del animal a las de la persona? A veces me parece incluso un chiste mal contado.

Un cuarto de hora más tarde, Manolo y el tío Julián llegan para acompañar a su par de damas. La tía, una mujer hacendosa, laboriosa, ya tiene preparada la tortilla de patatas y cebolla más sugerente. Nos sentamos a la mesa y empezamos a almorzar sin esperar a ese binomio encantador, mi sobrino y mi querido picador. Julián nos explica:

—Se han ido a dar una vuelta los dos. Borja iba con la vara de la puya y Ufe quería saber cómo entrenaba.

—¡Pobrecito mi tete! Os estamos pegando el día.

—¡Qué va, mujer! El crío está en una edad en la que puede entender, comprender, y para eso es necesario explicar, ver, comprobar… De esa manera percibe la realidad.

Borja y Ufe van paseando tranquilamente a caballo, pasan por el cercado donde Manolo tiene el ganado manso. Al llegar allí desmontan y mi chaval se extraña del permiso de mi picador para aproximarse a una vaca, ante lo cual le explica:

—Es ganado manso, te puede topar. Esta es tranquila, por eso te he dejado acercarte. No te creas, no lo haría con todas.

—¿Y qué comen estas, Borja?

—Pues mira, más o menos lo mismo que las bravas, pero más cantidad. En estas buscamos el engorde; nos las vamos a comer.

—Si nos vieran todos esos criticones, esos veganos…

—Pues mira, como dice la tía Ali, al César lo que es del César. Cuando tenemos un problema legal aquí, en mi casa, se practican sus consejos, pues los tíos son abogados. Cuando la tía pensaba en la tauromaquia como maltrato, escuchó a mi padre, se desprendió de prejuicios y ahí la tienes. La queremos mucho, pero se lo ha ganado. Ella dice siempre «el toro bravo me ha enamorado», pero ella ha encandilado a estos profesionales de mente tan racional como abierta.

—¡Ja, ja, ja! ¡Como se entere el tío!

—Le clavo la puya y en paz. Venga, vamos a entrenar.

—Vale —contesta Ufe entre risitas picaruelas.

Van al paso, despacio, y en un momento dado Borja le indica a su acompañante:

—¡Para! Fíjate en la mancha más oscura en el tronco de esa encina, ¿la ves?

Ufe señala con el dedo a lo lejos diciendo:

—¿Esa de allí?

—Sí, esa, fíjate. —Y mi picador golpea con la vara en el punto justo señalado.

—¿Por qué has hecho eso?

—De esa manera practico. Al toro se le deben dar los puyazos en el punto exacto, y no es tan fácil.

—¿Me dejas intentarlo?

—¡Claro, hombre! Pero vamos un poco más adelante, ese ya está señalado.

A unos 300 metros paran y esta vez es el roble el receptor de la suerte de varas. Por supuesto, mi sobrino no lo consigue inmediatamente, carece de técnica. Siguen intentándolo un rato más, al llegar la hora de comer, tras dejar los caballos en la yeguada y echarles su alimento, Ufe sale corriendo para darme un abrazo, diciendo:

—¡Tía, qué bien lo he pasado! De mayor quiero ser picador.

—La mamá me va a asesinar —respondo, y las risas de mis acompañantes acarician mis oídos.

—No lo hace mal, Ali. Esta tarde lo verás.

—No sé cómo, porque yo no voy a montar, tengo muchos desequilibrios desde que tuve el derrame cerebral.

—¡Jo, tía, yo quiero que me veas! Y tú siempre me cuentas que el yayo te enseñó a subir a caballo.

—Pero de eso hace muchos años, no me acuerdo.

—Ali, monta al Coplero, ese es muy tranquilo, y yo iré a tu lado.

Sinceramente, pensaba volver a negarme, pero el amor a la tierra bajo los cuidados de mi querido amigo provoca en mi ser seguridad, ansias de saber y de aprender. Y los tres montamos, como dijo Federico García Lorca, «a las cinco de la tarde».

Sigo las instrucciones de mi mentor en el mundo equino. Cuando me corrige en mis formas, mi tío Manolo viene constantemente a mi corazón, plena de recuerdos. Los fallos también son un problema congénito.

Mi buen amigo se percata de mi nerviosismo en cuanto monto el animal y aplaca el mismo con cariño:

—Ali, yo voy a tu lado, tranquila. No cojas las riendas con tanta tensión.

Obedezco de inmediato, por supuesto, de la misma manera cuando me pide relajación, flexión en los codos... Y gozo viendo las andadas de este principiante a picador quien lleva mi sangre. Luego volvemos a la yeguada, duchamos bien a nuestros tres compañeros de fatiga y los cepillamos a placer, comentando los pormenores de una tarde del todo inolvidable.

Mañana hay un tentadero. Vamos paseando despacio, despidiéndonos hasta el día siguiente de erales y utreros cuando, de repente, me encuentro envuelta en los brazos de mi matador más querido: ÁLVARO DE LA CALLE, ¡TORERO DE CASTA!

6

Álvaro de la calle, torero de casta

El amor más entrañable vuelve a hacer su aparición en un viaje calificable de inolvidable. Mis brazos rodean los hombros del matador al lado de quien me convertí en la Greta Garbo más valenciana toreando al alimón. Una experiencia inolvidable.

—¡Ali, qué alegría más grande! ¿Cómo estás?

—De maravilla, mimada al extremo. En estas tierras me cuidáis mucho.

—¿Y este chaval?

—Es mi sobrino, tete.

—Ufe, ven aquí. Mira, Álvaro también es muy amigo de la tía, él es torero.

—¡Anda! ¿De verdad? ¿Y te voy a ver torear?

—¡Qué majo es! ¡Claro! ¿Cuántos años tienes?

—Catorce.

—Mañana hay un tentadero y me verás torear vacas.

—Creía que se toreaban los toros, tía.

—Vamos a ver, cielo, *tentar* en valenciano, ¿qué significa?

—Probar.

—Pues eso vamos a hacer —le contesta Álvaro rápidamente—, probar las vacas y conocer su bravura, su genio…

—¡Aaah!

El tío Julián llama a mi sobrino, va a contarle los entresijos del tentadero, no me cabe duda alguna de ello, y eso me permite gozar durante unos minutos de la charla con mi matador.

Álvaro de la Calle para mí se ha convertido en un hermano. Tiene un carácter noble, sencillo y por su biografía es perfectamente calificable de torero congénito. Nació en Salamanca el 28 de septiembre de 1974. Sus padres, Vicente y María Teresa, siempre estuvieron vinculados al mundo taurino, aunque en diferentes áreas del mismo.

Vicente de la Calle estaba unido profesionalmente a la carnicería; de hecho, la ejerció en combinación con el amor por la fiesta, lo cual fue causa firme de una vida dedicada a la tauromaquia en diferentes sectores, enfocados hacia un amplio abanico de funciones.

La familia de su madre también estaba muy relacionada con el más magno animal. La abuela de este artista valiente, presente constantemente en mi vida por el regalo de mis ganas de aprender los entresijos del rey de la dehesa salmantina, trabajaba en los baños de la plaza. Tuvo familiares deseosos de ser toreros, aunque no lo consiguieron, pero incluso uno de sus hijos ejerció como policía en los callejones de la plaza de toros de Salamanca.

Vicente de la Calle se vinculó al mundo más español por verdadero amor a sus cualidades y lo mucho traído a España por este gran animal, todo un sello de identidad del país, sin ningún tipo de resquemores ni dudas, compartido de igual manera por diferentes miembros de su familia. Chuchi de la Calle fue empresario taurino, además de un ferviente comprador de ese manjar español, como su tío Epifanio. Las hermanas del padre de mi torero favorito tenían un puesto en el Mercado Central de Salamanca, donde vendían carne, verduras…

Julián de la Calle, Carnicerito de Salamanca, toreó por diferentes pueblos novilladas con picadores. Un árbol genealógico reflectante del querer al toro bravo y su importancia en España.

Álvaro de la Calle es el mediano de tres hermanos, fruto de los amores entre una pareja de trabajadores natos. Un hombre sencillo, cariñoso, nada vanidoso. El arte de la lidia lo gesta ya en el vientre de su madre, mientras se está formando para venir al mundo, y justo en el momento de su nacimiento pega su primer capotazo.

José Falcón, un torero portugués a quien su padre trajo a España, murió en Barcelona. Cuchatero, un toro negro de 506 kilos de peso, perteneciente a la vacada del Hoyo de la Gitana, le asestó una terrible cornada. El fatal desenlace ocurrió unas horas después, exactamente a las once y diez minutos de la noche. El astado le rompió la femoral. Ese día horrible compartió cartel con Álvaro Domecq Romero, rejoneador, quien al percatarse de la gravedad de la herida, metió su mano en la herida abierta del muslo de su compañero, procurando evitar la pérdida de la vida de un hombre. El maestro respondió a su gesto lleno de compasión y cariño diciendo: «Gracias, Álvaro, gracias».

El padre de mi matador estuvo presente en ese drama, no lo olvidó. Exactamente, pocos días después de un mes, cuando nació este otro hermano varón regalo del amor por la fiesta para mí, lo llamó Álvaro, pues esa escena plena de pena lo acompañó el resto de su vida.

A Rui Vento Vasques lo trajo continuando su andadura entre pitones, además de a otros toreros. Hizo de representante, ayudó a personajes como Los Chopera, extremadamente conocidos en la época en ese ámbito, dominaban todo el sector taurino; de cariño les decían Los Choperita. Se codeó con personajes tan afamados como Paquirri y, en fin, con gente conocida en cualquier cauce taurino, rejoneadores, novilleros...

La última época del progenitor de mi querido Álvaro de la Calle se hundió en el campo, en la mayoría de los casos ejerció como veedor para, al final, altivo y presuntuoso por la alegría de la perpetuación de la estirpe, ocuparse de la trayectoria de su hijo, ¡Álvaro de la Calle!

Este niño rubio y travieso comenzó a ir a la Escuela Taurina de Salamanca con ocho años, sin matricularse, por supuesto; era muy pequeño para ello, pero su corazón le pedía con fuerza un primer contacto con ese arte dueño de su pasión. A los doce años, en 1986, se matriculó en la misma. Pocos meses después comenzó a matar sus primeras becerras en público. El primer gran día entre pitones, vestido de luces, sucedió en el año 1987. Mató una becerra en Fermoselle, Zamora, donde alternó con Juan Luis Fraile y José Rubén, ambos ya novilleros. Los animales pertenecían a la ganadería de José Luis Valrubio, astados pertenecientes a un encaste Vega-Villar con cruce de Santa Coloma, un verdadero presente para un joven en quien el amor por la fiesta nacional era un sentimiento siempre latente. Además, lo demostró muy bien, pues el éxito fue arrollador, cortó dos orejas y el rabo, triunfo rematado por los aplausos de los asistentes al acto.

Álvaro de la Calle continuó *in crescendo,* como la buena música, puliendo su arte sin descanso. Las novilladas sin picadores entraron como un huracán en su vida y se volcó en ellas. Debutó con novillos de Vidal Olivez Taberneros, un encaste

Salvador Domecq. Toros muy astifinos, con perfiles rectos, bajos de agujas, de proporciones armónicas, bien encornados, bastos de tipo y con un gran desarrollo óseo. Así lidió unas cuarenta o cincuenta, demostrando ganas de aprender, practicar, mejorar… Joselito el Gallo y Manolete son para él historia del toreo y todo un referente.

En el año 1993 comenzó a torear utreros, perfeccionando, corrigiendo errores, afinando estilo, enmendando fallos… Se convirtió en uno de los novilleros más relevantes del momento en las primeras ferias del panorama español.

¡Y llegó el gran día! El 15 de octubre de 1999, en la bella ciudad de Ávila, tomó la alternativa. Un momento inolvidable para él, lo sé a ciencia cierta, pues como buen amigo mío, hombre sincero y caballero, no me oculta ninguna explicación y en la expresión de su rostro noté cómo le bombeaba el corazón cuando en mi primer viaje a Salamanca lo conocí, al hablarme de esa gran jornada, donde por méritos propios adquirió el título de ¡matador! El toricantano irradiaba felicidad cuando el padrino Manolo Sánchez, bajo la supervisión del testigo Canales Rivera, lo convirtió en torero. En el acto abrió plaza el rejoneador Raúl Martín Burgos. Los animales eran de la ganadería Fernando Peña. El estoconazo impartido al toro Afectado fue espejo de un hecho: ¡Álvaro de la Calle era matador de toros! Fue una tarde llena de un éxito arrollador, pues salió a hombros tras cortar tres orejas.

Aquel día fue el motor de arranque, a partir de ese momento comenzó a torear en bastante número de festejos, corridas, festivales… Triunfó en Salamanca con toros de Garcigrande-Domingo Hernández. Recorrió toda España y América como matador, obteniendo sonoros triunfos.

Otro acto inolvidable fue la confirmación de su alternativa el 27 de julio del 2006. La catedral del toreo, Las Ventas, vibró de emoción cuando, entre Iván Vicente y Javier Castaño, clamó al mundo entero: «¡Quiero ser torero!». Los animales eran de la ganadería Los Recitales. El público exigía entre aplausos una oreja para el matador protagonista de este acto de amor a España, pues dejó una gran impresión entre los asistentes al evento, pero el presidente no la concedió y los aplausos de la gente, unidos al hecho de poder ejercer esa profesión de su querer, la lidia, fueron el premio para mi tete, mi matador Álvaro de la Calle, estoconazos al corazón. Tampoco olvidará jamás esa corrida en Muro, Mallorca, la bella isla balear. El toro era muy bravo, un encaste Domecq, y enseguida sintió la conexión con el astado.

Es un trabajador nato, disfruta en tentaderos, entre pitones. Jamás se ha negado a ir al ruedo, ni siquiera como sobresaliente; de hecho, lo va a hacer el mes entrante en Olivenza y León. La tauromaquia está pasando unos momentos traumáticos, lo cual es causa de falta de oportunidades para toreros de casta como mi querido Álvaro de la Calle.

Esta conversación maravillosa se ve interrumpida de la manera más dulce por la entrada de dos rosas. Eva, la esposa de mi tete, y Triana, la amapola más hermosa, entran de repente trayendo a mi mente los recuerdos más tiernos de mi primera estancia en el Campo Charro.

—¡Teta! ¡Qué alegría verte! ¿Cómo estás?

—Bien, Ali. ¿Y tú? Nos has dado una sorpresa tremenda.

—Mira, amiga, me hacía ilusión volver. Estas tierras y la tauromaquia ya son de mi querer. Como tú sabes, me he convertido en la alumna más aventajada, ja, ja, ja. Triana, ¿no le das un beso a la tía Ali? Tenía muchas ganas de verte.

—Claro, tía. ¿Sabes una cosa?

—No me la has contado, cariño, no la sé.

—Le enseñé a mi profe *Entre flores, sangre y arena* y le encantó.

—¡Muy bien, cariño! Me alegro un montón.

La voz de mi sobrino interrumpe este aquelarre de brujas amantes del toro, pues Álvaro se aparta respetando la complicidad entre tres mujeres con cariño de verdad en reciprocidad.

—He venido con un sobrino mío. Ahora os lo presento. Es muy buen chaval.

Ufe corre hacia nosotras feliz, eufórico. Al llegar a nuestra altura, me explica entre jadeos cómo le ha dado el biberón al becerrito rechazado por su madre ayer. Le acaricio la cabeza alabando sus actos mientras le digo:

—Cariño, saluda a Eva, es la mujer de Álvaro, y Triana es su hija.

Al llegar el tío Julián a nuestra altura y tras las oportunas muestras de cariño entre profesionales cualificados del toro, nos indica:

—¡Anda, vamos! Álvaro, necesito que me ayudes.

—Tú dirás —contesta mi matador.

—Vamos a ponerle los crotales a un becerro que nació ayer. El chiquillo le acaba de dar el biberón, por eso está tan contento. Si tú intervienes, lo sujetamos los dos y él se los pone. Manolo va de cabeza preparando el saneamiento y tentadero, está todo para mañana.

—¡Claro, ya tardas!

Y los cinco nos acercamos dando un paseo a buscar al benjamín de la camada. Lo divisamos a los pocos minutos, pues incluso se acerca un poco al ver a Ufe.

—¡Ala! Vamos a ponerle los crotales a Platón.

—¿Ya le habéis puesto nombre, tío? Me dijiste el de la madre, lo sé, era Plata; pero ayer no lo habíais bautizado.

—No lo hemos hecho nosotros.

—¿Manolo? —pregunto intrigada.

—¡Qué va! Ayer le mandé una fotografía a Cris para enseñárselo y me dijo: «Tío, ponedle Platón».

—¿Platón? —contesta Álvaro un poco extrañado—. Tu hija no me parecía tan seria.

—¡Ja, ja, ja! Tete, Cristina está estudiando segundo de Filosofía.

Eva sonríe feliz, mientras exclama orgullosa:

—¡Una enamorada de la sabiduría!

El tío Julián saca los crotales y se los da a Ufe, mientras le explica:

—Mira, ahora Álvaro y el tío cogerán a Platón. Donde yo te señale haces un poquito de fuerza y se los pones. Después los cierras así, no te asustes, aunque chille un poquito. Es como los pendientes de las nenas, les hace un poquito de daño, pero así este filósofo bautizado por tu prima ya no se nos escapa por el número.

—¿Lo ves? ¿Lo tienes todo claro?

—Sí, muy claro. Os hago caso en todo.

Eva, Triana y yo nos convertimos en espectadoras de este acto infiltrante de seguridad al animal. Álvaro coge al becerro por los cuartos traseros, el tío lo sujeta por delante y mi sobrino se acerca a Platón, valiente, obediente, y le pone el pendiente. Para la otra oreja, el tío y Álvaro cambian sus posiciones y, en dos minutos, el trabajo está terminado; por supuesto, envuelto en fotografías por mi cámara. Y Platón sale corriendo a gozar del verde del Campo Charro.

—¡Ala! Ya está. Mira cómo corre, Ufe.

—Es una pasada.

—Tío, ¿y la tía Charo?

—Borja se ha ido a llevarla a casa, estará empezando a preparar la cena. Mañana comeremos aquí.

—Pobrecita mía, ¡cuánto trabajo le estamos dando!

—¡Ali, si está muy contenta de teneros con nosotros! ¿Se ha quejado de algo?

—¡Si no me deja hacer nada! ¡Todo lo contrario! Es muy trabajadora, no para.

—Sabes que te queremos mucho. Aquí tienes tu casa.

Nos encaminamos todos hacia los coches. Esta noche no debemos acostarnos muy tarde. Nos acercamos para despedirnos de Manolo, está controlando las vacas y nos indica detalladamente la mucha labor a realizar al día siguiente, estar en la ganadería a las siete y media de la mañana sería lo más conveniente, con lo cual debemos madrugar más aún. Al girarnos para tomar los vehículos, Álvaro se percata del sangrado de una vaca y se lo hace saber a nuestro ganadero. Manolo, inmediatamente, llama al veterinario al atisbar el cadáver del ternero; está prácticamente seguro de la necesidad de un legrado para su bienestar, por supuesto, se lo van a practicar. Decidimos aguardar su llegada.

Mientras lo esperamos, Álvaro me habla de un día especial en Navarra, el Día de la Vaca Brava, el cual cuenta con un variado programa de actos: un encierro de novillos, un espectáculo ecuestre, una tienta de vacas y una exhibición de recortes y saltos son los protagonistas de las jornadas. El veterinario llega en veinte minutos y se pone a trabajar. Tras saludarnos, rápidamente introduce el cadáver del ternero, junto con la placenta, en una bolsa de plástico; lo van a analizar. Mi ganadero limpia el lugar desinfectándolo a fondo. El profesional limpia bien el útero del animal de los restos de la placenta, le inyecta antibióticos de penicilina y les indica a Manolo y a Julián el tratamiento a proferir durante los próximos días. Este desagradable encuentro de mi torero favorito ha retrasado una hora nuestra salida del lugar por una razón resumible en una sola palabra: amor. Los profesionales de la tauromaquia someten su vida a las necesidades del animal, y a los hechos me remito sin remilgo alguno.

Iniciamos el trayecto hacia casa. El tío va consolando a Ufe, afectado por la imagen del ternerito en el suelo. Es algo lógico, impactante en un chaval tan joven, acostumbrado al trato con animales, pues mi sobrino monta a caballo desde muy pequeñito. Al entrar en casa, la tía Charo, como buena mujer, empática, se percata de su malestar y mi sobrino rompe a llorar en sus brazos, contándole todo lo acontecido la última hora.

Esta gran dama ya nos ha preparado la cena, no permite ni el más mínimo esfuerzo por mi parte. Es una mujer trabajadora al extremo, con un trato fácil, el cual enamora por unas formas perfectas de gente fina y selecta, pero al mismo tiempo directa. La mesa está incluso puesta. Obedecemos cuando ordena con buen criterio:

—Vamos a cenar, mañana debemos madrugar mucho.

Un zorongollo adorna con su color el centro del banquete. Es uno de los platos típicos de Cáceres por excelencia. Pimientos rojos, cebolleta, ajo, aceite, vinagre, huevo, patata… lo hacen apetitoso solamente a primera vista. Unas tostadas de manteca *colorá* son el pecado más irresistible tras un día entre animales, pues si a primera vista llaman la atención, nutricionalmente hablando son muy ricas. La patatera también es muy sugerente, y el jamón ibérico nos pide bocados a gritos. ¡Está riquísimo todo!

Dos piezas de flamenco nos dan las buenas noches, despidiendo un día memorable. Nos acostamos pronto, pues mañana debemos madrugar; es mucho el trabajo a realizar y a las siete y media de la mañana Manolo Gimeno nos espera.

A las seis y media del día siguiente, la caricia de la tía nos advierte de la precisión de levantarnos. Desayunamos y, en el coche, nos vamos con Manolo Gimeno, ganadero. El saneamiento de las reses nos espera.

Al llegar a nuestro destino, el tío y Manolo enseguida se ponen manos a la obra. El veterinario está a punto de llegar para comenzar este acto preciso donde mayoral y ganadero velan por la salud del animal. Julián, con todo tipo de detalles, le explica a mi benjamín:

—Ufe, cariño, el toro está en el campo, en contacto con otros animales, y se puede poner malito. De su buena salud nos vamos a asegurar, este acto lo hacemos dos veces al año.

Al ver el mueco, la mirada de mi sobrino es espejo de una pregunta implícita. Se trata de un cajón de reducidas dimensiones destinado al saneamiento, cura o herraje de los animales. Los toros bravos siguen un meticuloso proceso para llegar a la plaza y, de la misma manera, las vacas para ser madres.

Y así, al llegar el veterinario, vamos asistiendo a la ratificación del bienestar animal. Manolo y el tío, con ayuda de Borja, van colocando una a una las vacas en el mueco, ese cajón preparado para poder tratar el toro bravo tanto en los herrajes, las curas, como en los saneamientos. El profesional les saca sangre del rabo para analizarla en el laboratorio. Además, les inyecta la vacuna de la tuberculina. Mientras lo hace, Manolo nos explica:

—Si la tienen, en tres días les saldrá un granito; si no aparece ningún síntoma, se repite la acción rapándoles un poquito el cuello para quedarnos tranquilos, deben estar limpias.

A las once de la mañana ha terminado el primer punto del orden del día. Borja coge a mi campeón y lo sube a la grupa del caballo, y juntos recorren los dos hierros de mi querido ganadero, Monteverde y Manuel Gimeno. Otra lección magistral demostrada con hechos, no con palabrerías como hacen las mal llamadas actualmente corrientes animalistas, del bienestar animal en una ganadería de toros bravos.

Álvaro, Eva y Triana vienen a comer. Ayer le hice saber a la tía mi deseo de traer Valencia a Salamanca. La cocinera más orgullosa hoy voy a ser yo, preparando el plato típico de la España de las flores, esta Valencia de mil colores, la paella.

A mi lado, la tía Charo me ayuda sin ningún tipo de remilgos ni penas; todo lo contrario, es feliz mientras le explico cómo aprendí a cocinar esta exquisitez bajo la tutela de mi padre. Mi abuelo la preparaba a leña entre naranjos. La paella es mi plato favorito, además de una constante en cuarenta y ocho años de vida.

Álvaro, Eva y esa princesita salmantina llegan cuando estamos acabando de sofreír la verdura y observan curiosos la preparación de este manjar tan valenciano, dueño del sabor de mi amor.

Mis jinetes favoritos aparecen cuando estamos poniendo el arroz; en veinte minutos comeremos. A las siete de la tarde es el tentadero, ese acto de prueba al animal donde se toman decisiones del todo precisas, en ocasiones muy duras: si la vaca muestra su bravura, volverá al campo, será madre, pero si no es así, su destino será el matadero. A veces la muerte es una muestra de amor de verdad, pues no debe padecer el malestar del embarazo y los males del parto, pero nos la zamparemos. El hombre es un ser omnívoro, precisa los nutrientes aportantes de la carne para sobrevivir en buen estado de salud, pues eso provoca la metabolización de proteínas, ayuda a formar glóbulos rojos y a darle mantenimiento al sistema nervioso central. El coronavirus sigue pululando por el país, francamente hacer el tonto con la salud humana no me parece algo inteligente.

A las cinco de la tarde, como le cantó Federico García Lorca a Ignacio Sánchez Mejías, terminamos de comer. Los varones se marchan a preparar el tentadero. Borja y Álvaro lo van a practicar, todo debe estar en perfecto orden, y de eso se van a asegurar. Entre tanto, las señoras preparamos unas tapas para llevarlas a la plaza de tientas. ¡Hoy es un día de fiesta!

A las seis y media de la tarde nos acercamos allí con la ayuda de Borja. El remolino de gente empieza a condensarse y el tío Julián nos invita a tomar un asiento privilegiado para poder gozar de esta prueba demostrante de la magnitud del mundo del ganado bravo.

Álvaro está hablando por teléfono, ante lo cual decidimos sentarnos. Al terminar la charla se acerca a nosotros, anunciándonos su participación en septiembre en las fiestas taurinas de Brazatortas; el motivo de las mismas son las celebraciones en honor al Cristo de Orense. Recibe el abrazo de Julián y es arropado por el aplauso de todos nosotros y un beso apasionado del amor de su vida, su esposa.

En el momento de la salida, la primera vaca avanza, con el capote embiste a su manera, no repitiendo, y mi buen amigo se esfuerza en hacer salir la bravura de la res constantemente, sin parar. La acerca al caballo y mi querido Borja le arrea unos puyazos contundentes. Los esfuerzos de mi matador siguen siendo claros y reflejan su intención de mostrar una vaca encastada, batalladora, luchadora... Poco a poco lo va consiguiendo. La coloca un pelín más cerca del caballo, intentando sin cesar la embestida, y a la tercera, la vaca embiste y mete riñones con fuerza.

No puedo evitar volar en el tiempo, a esa hermosa corrida en Valencia donde Álvaro me hizo el regalo de brindarle un toro a mi bisabuelo, quien desde el cielo observó orgulloso la escena. Su toreo es diferente en este momento. El estilo de mi matador es de corte clásico, toreo puro, tiene una enorme capacidad y mucha torería. Es un artista con mucha capacidad de decisión, gozante de las largas cambiadas. Su estilo es elegante y a la antigua, incluso en ocasiones un poco estático. En este momento acabamos de presenciar todo lo contrario, y me asombra.

—Tío, Álvaro no ha parado quieto. En ocasiones parecía incluso un poco payaso, no paraba en el sitio.

—Cariño, no está toreando, está tentando, y mira si ha conseguido sacar la bravura del animal. Es un matador muy consciente de su labor.

Asiento a las explicaciones del tío mirando a Álvaro con orgullo, pues me vuelve a demostrar su cariño mirando a mi sobrino y guiñándome un ojo, mientras espera la siguiente visita con dos pitones.

La segunda vaca es más brava, está muy encastada, tiene un son inmejorable en el galope. En la entrada, con el capote tiene cosas muy buenas, nos está gustando mucho. Álvaro la coloca en su entrada al caballo y esta se arranca con alegría. Está embistiendo y metiendo riñones al equino con fuerza. Es una vaca muy noble.

El picador, tras la intervención del maestro, la vuelve a llamar y arranca fuerte. En los primeros muletazos humilla, no está tonta, repite rápido y vuelve a hacerlo con la izquierda. Da lo mismo, va a más, siempre *in crescendo.* El torero se emborracha con el animal, nos está gustando mucho. Es una vaca de casta. Álvaro se acerca a nosotros, requiere la presencia de mi sobrino a su lado para decirle:

—Ven, vas a torear al alimón como hizo la tía.

—¿Puedo, tía?

—Claro, si quieres.

Mi móvil vuelve a estallar en relámpagos provocados por el *flash* mientras el torero le da las oportunas explicaciones al joven, cuando van juntos al astado y en el momento en el cual la vaca pasa por debajo del capote. Está embistiendo y metiendo riñones con fuerza. Álvaro de la Calle da la tienta de este animal por terminada. La orden de mi querido ganadero la devuelve con sus hermanas de camada. Es una vaca brava y muy encastada. Ufe vuela a mi lado, lo abrazo feliz. Manolo recibe muchas enhorabuenas pleno de placer por un trabajo bien realizado.

En cambio, la tercera es un desastre. Mansea constantemente, sus idas a tablas son persistentes y allí se le intenta hacer lo poco posible. Al final, mi ganadero da la orden: va al matadero, carece de cualidades para ser madre de un toro bravo.

Terminado el acto, tras las debidas muestras de cariño y constantes enhorabuenas, cenamos a placer con esta familia presente, plena de arrobas de amor siempre latente, caballeros y señoras quienes enamoran plenos de sentimiento por el trabajo constante y querer al toro bravo. Obras son amores y no buenas razones.

A las diez y media de la noche nos vamos hacia casa de los tíos. El conductor más flamenco va entonando diferentes piezas y en todas, por uno u otro motivo, se nombra reiteradamente a ese rey de la dehesa salmantina. Hoy es nuestra última noche aquí, mañana volvemos a Valencia.

—Tía, ¿cuándo volvemos a casa?

—Mañana, cielo. Primero iremos a la ganadería, estaremos en el herradero y después de comer nos iremos a la estación de tren.

—¿Qué es el herradero?

—¿Te acuerdas de cuando le pusiste los crotales a Platón? Pues ahora en su lomo vamos a grabar ese número a fuego —le explica el mentor del arte más español.

—¿A Platón también?

—Ahora no, es muy peque, pero se lo haremos más adelante. En el lomo del animal quedará marcado para siempre el símbolo de la asociación ganadera a la cual pertenece, la imagen de la ganadería, el año de nacimiento y el número de los crotales. ¡Más seguridad aún!

—Pero ¿a fuego les hará mucho daño?

—¡Qué va! Si son tres minutos. También se les desparasita y les quitaremos los crotales, pues desde ese momento llevan en el cuerpo su carnet de identidad.

Cuando entramos en el hogar, Borja nos está esperando. Tiene un pequeño intercambio de opiniones con mi Ufe y tranquiliza sus ansias de saber sobre el acto a presenciar mañana diciéndole:

—La tía Ali herró uno cuando vino la primera vez. Mañana lo harás tú.

Mi sobrino responde con un gesto de resignación mezclado con alegría, pues tanto está aprendiendo como dándose cuenta de más de una cosa que hasta ahora no entendía. Está cansado, ha sido un día lleno de emociones, y se va a acostar, dándonos las buenas noches.

—Ali, es un encanto. Además, es muy jovencito pero muy maduro. En más de una ocasión, al escuchar se ha desprendido de prejuicios y entonces ha sonreído, acto reflejo de comprensión plena.

—Sí, tete, es muy buen chaval. Se lo ha pasado bomba, me ha preguntado un montón de veces: «Tía, ¿volveremos alguna vez?».

—¡Cuando queráis! ¡Vaya pregunta! ¿A qué hora sale el tren mañana?

—A las cuatro de la tarde de Salamanca. Si te parece bien, nos llevamos a la ganadería las maletas y en un momento nos acercas. A las siete sale de Madrid, vamos muy bien de tiempo.

—Pues no me parece bien. Mira, no es discutible, a Madrid os voy a llevar yo. Dejas las maletas aquí, nos venimos pronto y os llevo yo a la estación de Atocha. Pasado mañana debo hacer unas visitas en Móstoles, dormiré allí, veré a unos amigos esa noche y aprovecharé la tesitura.

Sonrío mientras le acaricio orgullosa el hombro a mi picador. Sus actitudes demuestran mi acierto pleno, en una afirmación hecha desde el corazón, desde el momento de mi entendimiento de las muchas razones de esta fiesta de mis amores. En la tauromaquia hay caballeros dispuestos a demostrar en cualquier vertiente ese «te quiero».

El despertador más armonioso y cariñoso, la mano de mi amada tía Charo, nos advierte de la salida del astro rey. Al salir al comedor, su presencia ilumina un desayuno preparado con todo el amor.

—Os vamos a añorar unos días. ¿Te lo has pasado bien, cariño?

—Mucho, me da pena irme.

—Volveréis pronto, ya lo verás.

—Ali, ¿has hablado con Borja?

—Sí, tía, sí. Yo no quería, me sabía mal, pero el tete nos acerca a la capital del país. Hemos pensado dejar las maletas preparadas aquí, nos venimos con vosotros a casa y los tres emprendemos el viaje.

—Muy bien, pero ¿por qué te sabe mal? Si él pasado mañana debe trabajar allí.

Sonrío satíricamente, pues no lo termino de creer. Ese hermano varón a quien quiero de corazón, de profesión picador, en un acto lleno de amor desea facilitar nuestro regreso a casa.

A las nueve de la mañana estamos de nuevo en la ganadería, plenos de felicidad ante la vida animal y tanta algarabía. El tío Julián, al lado de Manolo, va herrando los primeros becerros. La expresión de la cara de mi sobrino denota miedo y pena, ante lo cual nuestro mentor le explica:

—Mira, Ufe, si son tres segundos. Un poquito de daño sí se les hace, pero vamos a ver, ¿tú no te has quemado nunca?

—Sí, claro, pero luego me he puesto una crema.

—Eso son aceites desinfectantes para proteger la herida, en nada se les ha pasado. ¿No ves aquel cómo corre ya? ¿A que no se queja de nada? Ahora vas a grabar tú uno.

Ufe levanta la vista, se aproxima unos metros al cercado y ve a Lunero saltando entre el verde del campo. Valiente y decidido como es, vuelve a entrar en el recinto cuando el profesor más experimentado, ese mayoral quien profiere al toro bravo todo tipo de sentimientos, pues ha sometido su vida al bienestar del animal, le indica:

—¡Ven aquí, este lo vas a herrar tú!

Inmediatamente, se pone a su lado, de nuevo escuchando atentamente.

—Cuando yo te diga, le pones el hierro así y aunque el becerro chille no lo retires, aprieta. Es un momento. ¡Yo te avisaré cuando debas retirar el herraje!

De nuevo me convierto en la periodista gráfica más orgullosa. Álvaro se percata de mi vanidad. Como buen amigo mío, se alegra y se pone a mi lado pasando su brazo por mis hombros, en un claro gesto de complicidad. Cuando Ufe ha terminado su labor, todos aplaudimos.

Comemos entre amigos, felices, regocijándonos en nuestra compañía, en charlas plenas de hispanidad, pues somos amantes de la fiesta nacional. Durante el café, Álvaro me hace saber su miedo ante el futuro a esperar para el matador de toros, la situación es catatónica en este momento, y mi contestación es resolutiva, no da pie a opinión alguna ni a duda de ningún tipo:

—Mientras haya muchos como tú, no podrán con nosotros. Eres feliz en contacto con el toro. Tal vez no están siendo justos en más de una ocasión, me refiero a los empresarios taurinos. Eres torero de casta y luchas a capa y espada por estar en el ruedo, sin ningún tipo de protagonismo, además. Entrar en la arena te llena y eso es amar, tu arte es elegante, está marcado a la antigua. ¡Dios! ¡Cuánto gocé esas verónicas y esas largas cambiadas, esos naturales o ese estoconazo resolutivo en mi tierra!

—Tú me quieres mucho, Ali.

—Si yo no lo niego, te quiero mucho. Borja y tú sois esos hermanos varones negados por la biología, pero soy muy brava, al margen de un sentimiento. Si no lo viera claro, te lo diría. Todo llegará, ya lo verás. Lo bueno es perceptible y, al final, cada uno queda por lo que es.

Nos fundimos en un abrazo el cual abre la puerta a un remolino de despedidas entre gente franca, con la tierra en las venas. A mi sobrino se le cae incluso alguna lagrimita, la cual se seca con el dorso de la mano, pues nadie debe vérsela, es muy machote. Subimos en el coche y nos encaminamos a casa de los tíos.

Ya allí, la tía me da una bolsa plena de táperes con todo tipo de manjares para degustar en el viaje. Borja entra en la habitación y baja la maleta al coche. Nos empezamos a despedir. Los tíos le preguntan a mi sobrino:

—¿Te lo has pasado bien estos días aquí? ¿Vas a querer volver?

—¡Jo, de maravilla! De mayor quiero ser picador.

Los tres adultos rompemos en carcajadas, agravadas cuando de mi boca salen las palabras:

—La mamá me va a matar.

En un momento, me percato en la estantería del comedor de varios libros y la portada de uno llama mi atención. Es muy oscura, las letras son blancas. El tiempo aprieta y simplemente le pregunto al tío:

—¿Me lo dejas?

—Claro, ese te gustará.

—Yo te lo mando luego por correo, tío.

—De eso nada. ¿O es que no nos vamos a ver más?

Las palabras de mi querido mayoral dejan muy claro algo: el amor por la tauromaquia es un sentimiento forjado a fuego lento de amor por la tierra, el campo y la vida. De nuevo nos abrazamos los tres con pasión. No cabe duda alguna, habrá otra ocasión. Cosas del corazón.

Tras subir al coche, ya en el asiento del copiloto, al lado de mi picador, antes de introducir la novela en mi bolso puedo leer el título, este me llena de intriga y emoción: *JOSÉ LUIS OSBORNE VÁZQUEZ, UN NOMBRE SONANDO A TORO BRAVO.*

7

José Luis Osborne Vázquez, un nombre sonando a toro bravo

Envuelta en el frescor de la lluvia en una tarde del mes de agosto, posterior a un día de calor infernal, el amor por la lectura vuelve a hacer su aparición en mi corazón y llena de ternura cojo el libro *José Luis Osborne Vázquez, un nombre sonando a toro bravo.* Solamente la portada me arrolla por pasión española. En la belleza y serenidad de la noche, la luna llena alumbra en su realeza el guardián de un monte en nuestro país. La figura de un toro de Osborne reluce en su magnitud en la cima de una montaña. ¡Qué imagen tan nuestra!

El libro lo comienza esta sonata: «No hay soledad tan sonora ni música tan callada como la de un toro en la noche de su alma. Oscura, sin llama, que pulsa en su corazón el vacío de la nada».

D. José Luis Osborne Vázquez nació el 12 de enero del año 1900 en El Puerto de Santa María, Cádiz. El amor de su vida, Dña. María de los Ángeles Domecq Rivero, fue la eterna compañera de esa biografía en el campo y amor rodeado de plena naturaleza, el cual fructificó en diez hijos, quienes dieron a sus padres fuerza para conseguir esa res tan perfecta y casi sinónimo del denominativo toro bravo.

Este gran hombre vino al mundo con la tauromaquia inyectada en su ADN, y la enología en su genealogía. ¡Simplemente, un nombre sonando a España! Con unos antepasados dispuestos a trabajar y demostrar su capacidad en esta nación de su amar.

Thomas Osborne Mann, un joven comerciante inglés, llegó a El Puerto de Santa María, lugar donde nació el primer descendiente de esta estirpe con origen extranjera tremendamente apegada a nuestro país, a finales del siglo XVIII. En 1772, con apoyo de amigos y socios, creó las bodegas Osborne. José Luis Osborne Vázquez, biznieto del primero, fue accionista de ese tesoro entre barriles, cotizado desde su fundación día a día con más fuerza.

Tomás Osborne hijo, abuelo del rey de estas letras, fue un gran aficionado al arte de la lidia. En el año 1880, patrocinó la construcción de la plaza de toros de su amada cuna de nacimiento, en 1952 su nieto, José Luis Osborne Vázquez, adquirió la ganadería brava originariamente perteneciente a Pedro Domecq y Díez, quien años después se la vendió a Luis de la Calle y este último, a su vez, la traspasó transcurridos dos años a D. Antonio Jiménez.

Esos datos yo ya los conocía, pero no puedo evitarlo y leerlos me conmueve. Las redes sociales —bien utilizadas— son un nexo de unión indestructible. En este caso en concreto, por estar forjado a fuego lento en conversaciones históricas taurinas, aclaradoras de mis dudas y tribulaciones, de las cuales fue consecuencia el más entrañable «sobrina, te quiero». Cuando comenzaron mis primeros capotazos, entró en mi vida un nieto del primogénito del protagonista de esta obra, quien solventó todas mis incertidumbres y resolvió mis curiosidades sin banalidades de ningún tipo.

Hoy en día, mi tío José Luis, otro presente de amor a la historia y respeto a la memoria taurina, es una constante en mi vida. Por eso al sonar el teléfono y ver escrito «tío José Luis Osborne» en la pantalla del móvil, no me extraña:

—Tío, ¿cómo estás? ¡No te imaginas lo que estoy leyendo!

—Bien, cariño. La tía y yo iremos en unos días a Valencia.

—¡Qué alegría! Al fin materializaremos ese abrazo tan deseado.

—Pero cuéntame, ¿qué estás leyendo?

—La vida de tu abuelito: *José Luis Osborne Vázquez, un nombre sonando a toro bravo.*

—¡Ya comentaremos! No sabía de ese libro.

—Pues ya lo verás, te lo enseñaré.

—Vale, cariño. En tres días nos vemos.

Tras despedirnos vuelvo a coger el libro enternecida. Deseo fervientemente saber el contenido del mismo. La curiosidad latente en mi ser me lleva a seguir buceando en él. No sé si encontraré algo desconocido por mí, pero tengo la completa certeza de esta afirmación: José Luis Osborne Vázquez es historia de la ganadería brava.

Era un hombre con clase, campechano, capaz de estar con un vaquero en perfecta armonía, con el torero más famoso del momento en la conversación más hermosa plena de puyazos al corazón, llegando al acuerdo justo y equitativo con el empresario taurino pertinente o con cualquier personaje presente en el momento. D. José Luis Osborne Vázquez dejó una gran huella de su personalidad en la ciudad, aunaba un carácter serio y tremendamente humano a la vez. Era un señor con clase, tan sencillo como eso.

D. José Luis Osborne Vázquez fue un buen agricultor, un bodeguero de valía, pues trabajó la enología a capa y espada, algo premonitorio. A los cincuenta y dos años se convirtió en un excelente ganadero de lidia. No fue fácil conseguir su objetivo. Cuando la adquirió en el año 1952, la vacada ya estaba muy cruzada, era una mezcla de Veragua y Parladé. Él impuso a la ganadería un nuevo hierro de divisa blanca pureza y verde esperanza. El 19 de marzo del año 1959, el amado día de San José para el mundo valenciano, presentó reses por primera vez en Madrid, condición indispensable para adquirir antigüedad en el mundo de la lidia. Flequillero, ese novillo bravo de negro pelaje con el número 54, abrió plaza en esa tarde grande, llenando de orgullo a su criador, su amo, su dueño… El encuentro con mi tío José Luis tiene cierto halo celestial, desde el cielo nos han unido.

Este perfeccionista del toro bravo le dio su toque personal, mezcló, seleccionó… Diferentes testimonios de distintas personas recogidos en estas letras describen al protagonista de las mismas como un hombre quien ha dejado una profunda huella en su ciudad, aunaba un carácter serio y tremendamente humano a la vez. A sus reses las quiso, fue con ellas infatigable, pero su corazón de bella persona aún fue superior a su afición y entusiasmo. En resumen, trabajó muchísimo y, como resultado de su tenacidad, obtuvo un animal excepcional. Un tipo de toro único, bien armado de pitones, finos terciados y bajo de agujas, además de una amplia variedad cromática.

El lugar de este jardín del Edén protegido por el más magno animal fue Jerez de la frontera, la finca Dehesa Bolaños. En la ciudad merece especial mención, pues aconteció el mismo año de su fundación, el día 3 de agosto, la lidia en corrida por concurso de un gran ejemplar, el cual dio buen juego, además de ser de importante estampa, toreado por el maestro Rafael Ortega, quien le cortó un trofeo.

Por añadidura, demostró además su valentía como ganadero pocas semanas después, el día 31. En esa fecha se anunció un encierro completo, en el cual se inutilizaron dos astados; en consecuencia, se torearon cuatro. Nombres como Rovira, Jesús Córdoba y José M. Martorell relucían en el cartel. José Luis Osborne Vázquez volvió a demostrar su osadía en sus inicios. Estos Osborne resultaron tremendamente ovacionados por su comportamiento en la lidia, calificable simplemente de formidable; de hecho, se premió con la vuelta al ruedo al primero de la tarde. El ganadero protagonista contempló la escena muy emocionado, pues reflejó uno de sus primeros logros como criador de reses bravas y con la llama encendida en su corazón de portuense. Dando gracias con pasión por ese reconocimiento a su labor plena de amor a Nuestra Señora de los Milagros, esa advocación de la Virgen tan amada por este gran señor de alma, vida y corazón.

Los Osborne durante varias décadas recorrieron con altas cotas de éxito los ruedos de la geografía española y francesa, destacando la capital del país, mi amada Valencia, Pamplona, Córdoba, Barcelona, Málaga, Arlés, Béziers... No en vano, el comportamiento en el ruedo de estos astados era, en reglas generales, muy noble, gozante de mucho brío. Se arrancaban con gran fijeza, velocidad y rapidez en la brega, su entrega en la suerte de varas era muy alta. Un toro muy encastado, en consecuencia, seguía al subalterno en banderillas desde el principio al fin de la suerte, humillando con la muleta, repitiendo sucesivamente embestidas con una clase insuperable. No eran fáciles.

Sábado por la mañana. Hoy va a ser un día inolvidable. El tío José Luis y su esposa ya están en la España de las flores, esta Valencia de mil colores, y los tres haremos gala de nuestros más entrañables amores.

A las cinco de la tarde suena el telefonillo, clarín anunciante de la llegada de mis amados tíos José Luis y Rocío. En el rellano espero su entrada en mi casa y, al atisbar la figura de mi tío, nos fundimos en un abrazo precisado por ambos con ansia. La tía Rocío y mi esposo asisten a ese acto de cariño mutuo y recíproco, respetuosos y enternecidos. Inmediatamente, el comedor de mi hogar se convierte en el lugar donde gozamos de nuestra mutua compañía. Unos cafés granizados alivian nuestros calores y preparamos el itinerario para estos días, en los que les voy a enseñar Valencia, una tierra, históricamente hablando, muy taurina donde está grabado por méritos propios el nombre de quien ya es mi tío bisabuelo por regalo del toro bravo, ese grande de la ganadería, José Luis Osborne Vázquez. Aquí se han lidiado reses de este renombrado trabajador, punto de unión entre dos seres con sus quereres de corazón plagados del más entrañable amor, donde la lucha por el mantenimiento del buen nombre de la fiesta ha sido nexo de unión. Maestros como Paquirri, Manolo Arruza o Paco Alcalde, entre otros, mostraron su arte en mi tierra con reses de D. José Luis Osborne Vázquez.

A las nueve de la mañana los recojo en el hotel, vamos a gozar el *tour*. La plaza de la Virgen es nuestra primera parada, donde gozan del arte de Palomino en la Real Basílica de la Virgen de los Desamparados y de la belleza de la patrona de los valencianos. Les muestro la tumba de mi antepasado, el cardenal Juan Bautista Benlloch y Vivó, explicándoles orgullosa mi nexo biológico con este insigne personaje de la historia eclesiástica valenciana. Era primo hermano de mi tatarabuelo, fue un entusiasta de la coronación de su amada advocación y descansa donde deseó, a sus pies. La magnitud de la catedral y el recogimiento en la capilla del santo cáliz, la reliquia más amada por el católico, los sobrecoge y emociona. El toro bravo y la fe van unidos de la mano; ganadero, mayoral, picador, vaquero… se juegan la vida y piden ayuda a Cristo día a día.

La plaza del Ayuntamiento, centro neurálgico de la ciudad, se ve envuelta de risas satíricas por parte de mis amados acompañantes, pues les enseño su belleza y realeza antes de la reforma practicada por el actual alcalde de mis tierras utilizando el teléfono móvil en sus imágenes por internet, y están observando un verdadero mercadillo en este momento. El tío pasa su mano por mis hombros con su habitual: «Sobrina, no te enfades, aunque como valenciana con la tierra en las venas es algo inevitable».

Al llegar al albero de la madre del azahar, Valencia, gozan de su poder arquitectónico y su belleza. El tío nos toma unas fotografías a la tía y a mí, deseoso del recuerdo más hermoso en este viaje inolvidable. Cuando paramos a tomar un refresco, les explico la construcción de este monumento, pues data de 1860. Por supuesto, conocía la fecha, él pasó mucho tiempo con su abuelo durante la infancia, y habla envuelto en los recuerdos más tiernos cuando explica sus años a la vera de los padres de su padre. Faenas como poner unos crotales, dar un biberón a un becerro o, simplemente, ayudar en la medida de las posibilidades de un niño —ni que decir tiene, custodiado por su yayo, como decimos aquí, con las debidas medidas de seguridad— fueron una constante maravillosa en la vida de mi tío José Luis, tuvo un mentor de primera, quien le enseñó los entresijos y la belleza del animal más magno en su realeza, el toro bravo.

Durante la tarde visitamos la Ciudad de las Artes y las Ciencias, recreándonos en las maravillas vivientes de ese Oceanográfico, en la arquitectura modernista del Palacio de las Artes Reina Sofía, paseando por esos hermosos jardines... Y cenamos en el restaurante de unos amigos míos, donde degustamos regalos del Mediterráneo y, por supuesto, hablamos de toros.

Mi querido tío José Luis me habla emocionado de diferentes éxitos en la ganadería de D. José Luis Osborne Vázquez, su abuelo. Los triunfos fueron constantes, llegando a ocupar uno de los lugares privilegiados dentro de las diferentes temporadas taurinas. Fue demandado por distintas figuras del toreo y por las empresas más prestigiosas de toda España. Pero el caballero de esta cena, entre tres amantes del arte de la lidia, se recrea recordando a Lampistero, Galonero, Trapajoso, Fusilero, Limonero..., nombres que forman parte de una lista interminable de victorias fruto del tesón y el cariño del más insigne ganadero portuense.

Al nombrar a Regatillo se emociona. Ese toro fue el único indultado, un negro zaino de 452 kilos de peso, hijo de Cara Ancha y Regatilla. Este inolvidable animal llevaba en sus costillares el número 50 y se le perdonó la vida para gloria de la ganadería el 13 de septiembre de 1964. A mí los ojos se me llenan de estrellitas al oír sus palabras. Sin poder evitarlo, me conmuevo al escucharlo, pero mi tío desconoce el motivo de este sentimiento, le preocupa mi reacción y me acaricia la mano intentando calmarme.

—¿Qué pasa, cariño? Se le perdonó la vida.

—Sí, tío, yo ya conocía la historia de Regatillo.

—¿Ya la conocías? ¿La habías leído?

—No, cuando era jovencita no juzgaba el toro bravo con los debidos criterios y al descubrir sus misterios me enamoró. Es mucho lo que me ha regalado. Tú no eres el único tío regalo de ese rey del mundo animal. El maestro Luis Parra entra en el lote. La tauromaquia ha sido conmigo muy generosa.

—¡Anda, eso nunca me lo habías contado!

—No, tío. Yo me enteré ayer, cuando leí en la novela el nombre del matador de la lidia del Regatillo, y lo llamé al segundo. El corazón exigía detalles de esa corrida y, por supuesto, me los proporcionó el maestro Parra. Es un hombre encantador, pleno de amor. Hemos tenido muchas conversaciones plagadas de emociones, me sobra confianza con este gran caballero. La fiesta volvió a forjar una alianza.

Este torero de renombre también es gaditano, pues nació en Bornos, en ese precioso municipio donde reluce un patrimonio histórico inigualable, como el convento de San Bernardino de Sena, el monasterio de Santa María del Rosario, el castillo palacio de los Ribera... Cuando él contaba tan solo dos años de edad, sus padres se trasladaron a vivir a Jerez de la Frontera y allí fue creciendo. El Ciclón de Jerez causaba furor en esas tierras y, emulándolo, las cuadrillas de amigos entrenaban con él, acudían a mataderos por la noche a escondidas... Al pasar el tiempo, empezó a asistir a capeas por Cáceres y Salamanca. Luego regresó a su amado Jerez. Su hermano trabajaba en aquel entonces de chófer con D. Álvaro Domecq, lo llevó a la ganadería, donde se fijaron en él y poco a poco le fueron concediendo más oportunidades, llevándolo a festivales.

En el año 1964, en la Feria de Mayo tomó la alternativa en una corrida de Bohórquez. El Litri actuó como padrino, y Joselito

Huertas, mexicano, como testigo. Fue un éxito, ya que al segundo toro le cortó las dos orejas y el rabo. El 2 de mayo confirmó el acto más taurino. En esa ocasión, el padrino del evento fue Gregorio Sánchez y el papel de testigo lo ocupó Palmeño, con animales de la ganadería Núñez Hermanos.

Cuando le pregunté antes de anoche por esa jornada inolvidable donde Regatillo salvó la vida, me explicó:

—Mi Ali, en esos años a mí me apoderaba el maestro Antonio Ordóñez. Regatillo era un toro guapo, muy agradable de cara, un poco más terciado; al fin y al cabo, era para una plaza de segunda. Nunca olvidaré su lidia. Al entrar al caballo fue las tres veces reglamentarias y, para más inri, arremetió contra él dos veces más, pues lo puse en la boca de riego, hacia los chiqueros. ¡Más alejado, hija! Así lo entenderás, mi intención era colocarlo largo del caballo. En ese momento el maestro Antonio Bienvenida era director de lidia, y mantuve una seria discusión dialéctica con él porque pretendía que lo acercara y nunca fue mi intención, no me avine a ello. El toro era muy noble y volvió a arrancar con fuerza, era extremadamente bravo en la suerte de varas y se ganó el indulto. Siempre lo llevaré conmigo, cielo. Fue un astado extremadamente agradable en la muleta, gocé toreándolo. Un animal inolvidable.

Los postres y el café los degustamos envueltos en una de las tardes más grandes de la ganadería de D. José Luis Osborne Vázquez. Charlamos sobre otro astado en la historia Osborne, Atrevido, un precioso ensabanado lidiado por Antonio Chenel, Antoñete, pues con él cuajó en Las Ventas su faena consagratoria en el arte de la tauromaquia. El burel era extremadamente llamativo, tanto por su blancura como por ser algo alunarado y botinero. Al comenzar el maestro no deseaba su lidia, lo imaginaba de cuento, pero al oír la admiración y el murmullo del público asistente al evento, cambió de opinión. Atrevido salió violento, lo embistió con genio, arremetió en varas y, tras darle tres verónicas al quite, se sintió muy acoplado. La faena de muleta la comenzó con media docena por debajo para terminar emborrachándose toreando al animal. La plaza bramaba, pero Atrevido era muy bravo, le hacía honor al nombre, y precisó de dos estoconazos.

Los tíos me acompañan a casa y concretamos el itinerario para mañana. Comeremos en la Malvarrosa, la playa de las malvas y las rosas, por supuesto una paella, orgullo de valenciana. Volverán por la tarde a Cádiz, lugar donde tengo mi hogar, pues España es una y allí tengo dos tíos de mi amar.

Por la noche concilio el sueño envuelta en las letras de esta interesante biografía, llegando al final de la misma emocionada y conmocionada, pues el protagonista falleció el 24 de noviembre de 1977 en su amada tierra. Allí sus paisanos le rindieron homenaje y una calle muy transitada lleva su nombre. Un hombre para el recuerdo, a los hechos me remito, no hay nada más cierto.

Al día siguiente los tíos me recogen en casa, recibiendo contrariados la noticia de la ausencia de mi esposo y mis hijos en las horas siguientes de su estancia en Valencia, pero es del todo imposible. Cristina esta envuelta en los avatares de la adolescencia, va a comer con unas amigas, y mi marido debe acudir al lado de mi suegro, pues precisa de la ayuda de su hijo en faenas del campo. Tras las emotivas despedidas, nos acercamos a gozar de ese paraíso, la Malvarrosa. Su nombre data del año 1848 y se debe a un trabajador de la flor, Félix Robillard. Este compró un terreno de gran extensión donde plantó especies vegetales, entre ellas las malvas y las rosas. Una de las curiosidades de esta hermosa playa valenciana.

Tomando el aperitivo en el restaurante, el tío comienza a hablarme de su progenitor. D. José Luis Osborne Domecq nació el 1 de abril del año 1929, y vivió en primera persona los amores de su padre a ese rey con dos pitones, su dedicación y entrega. A principios de los años 80, se hizo cargo de parte de la ganadería; simplemente, necesidades del alma. Bajo su potestad, el 21 de agosto del año 1982, se celebró esa famosa corrida de ensabanados, ¡un festejo de máxima expectación! Manuel Vázquez, José Luis Galloso y Paco Ojeda, quien cortó dos orejas y rabo a Chulón, el toro portante en sus lomos del número 80. El tío me explica entre sonrisas los detalles del traslado de los toros a la plaza, pues los acompañó en el mismo. Del campo de la Dehesa Bolaños a la Real Plaza de Toros de El Puerto de Santa María, los sintió en el camión, parecía tenerlos al lado. Las curvas provocaban su movimiento y los sentía, tanto a los seis ensabanados como al sobrero, un brillante negro que era un terremoto de ilusiones materializadas en el albero ante los morlacos más angelicales y hermosos… D. José Luis Osborne Domecq falleció el 27 de mayo del año 2005, en El Puerto de Santa María. Inevitablemente, rompo a llorar; mi padre faltó el 27 de mayo del año 2018. Soy una mujer firmemente creyente, todo me hace pensar de nuevo que desde el cielo se han hecho amigos y cumpliendo su anhelo, nos han unido.

Tras esa lluvia de emociones comentándole al tío lo de papá, brota el tema de los famosos toros de Osborne en diferentes lugares del país:

—¡Claro, tío! La ganadería cada vez iba a más, de ahí los toros de propaganda en los montes. Es algo muy lógico. En el pueblo de mi madre hay uno.

—No, cariño, no. No te equivoques. Mi abuelo era uno de los accionistas de la bodega, pero la ganadería era únicamente suya. Esta poco a poco fue ganando fama, subiendo caché, y tomaron el toro como emblema de la misma.

—¡Anda! ¡Qué interesante! No lo esperaba.

Es prácticamente un símbolo de España, no exagero lo más mínimo. Decora las carreteras de todo el mundo y ha combatido fieramente por su supervivencia ante los vilipendios de tanto mal denominado animalista.

El grupo Osborne encargó al artista Manolo Prieto el diseño de un logo para su nueva marca, brandi Veterano, en 1956. Empezó como una valla publicitaria de 4 metros de altura y, en la actualidad, es un símbolo nacional de 14 metros en puro hierro. En sus orígenes el toro tenía los pitones blancos, venía impreso con el nombre del brandi, pero en 1988, tras una reforma de la Ley General de Carreteras, se prohibió toda publicidad visible desde las mismas, la marca se vio obligada a borrar el nombre de los astados guardianes del asfalto español, y desde entonces son completamente negros.

—Pero, tío, desde entonces ya no son propaganda —le digo impresionada por la aclaración.

—¡Claro, cariño! —me ratifica mi tía Rocío—. Son un símbolo nacional, y además muy reconocido.

Necesariamente, me encolerizo, pues vienen a mi mente noticias escuchadas y leídas en diferentes medios de información en el año 1994, cuando comenzó una batalla dialéctica entre artistas, políticos y diferentes figuras públicas, quienes lucharon por la conservación del toro de Osborne, pues el Reglamento General de Carreteras ordenó su total retirada. ¿Por qué les molestaba? ¿Estaban preparando el terreno para los tiempos venideros?

—Tío, francamente, esas incoherencias no caben en mi cabeza.

—No te preocupes, cariño, se ahogaron en sus malas intenciones. El Congreso de los Diputados los declaró patrimonio cultural y, finalmente, tras tres años de incertidumbre, el Tribunal Supremo dictó sentencia a favor de su mantenimiento, por ser un bien de interés estético y cultural para todos los pueblos de España.

—Y el toro echó raíces, tío. Ya te lo he dicho, en el pueblo de mi mamá hay uno.

—¿Dónde nació tu madre?

—En Villargordo del Cabriel, el último pueblo de Valencia, linda con Cuenca.

—Debe ser bonito —me dice mi querida tía Rocío, en una reflexión dulce llena de necesidad de aclaración, pues es persona de corazón.

—Precioso, tía. El secano más valenciano, donde cepas de almendros y olivos guarecen todo lo vivo. Además, es un paraíso de la caza.

—A mí me encanta cazar.

—¡Je, je, je! El papá era cazador, tío. —Me ratifico en mis afirmaciones: nos han unido desde el cielo por amores y aficiones.

Ya son las cinco de la tarde, la hora más taurina. Los tíos deben iniciar el viaje a Cádiz, me llevan a casa y de nuevo nos despedimos emocionados, tras gozar el habernos encontrado y con la seguridad plena de volver a celebrar el encuentro más deseado.

Ya en mi hogar, salgo a la terraza y les digo adiós con la mano mientras los veo marchar. Al desaparecer de mi ángulo de visión, miro al cielo. Soy una mujer sensible, cariñosa y, en estos momentos, la valenciana más orgullosa. Las últimas caladas de un cigarrillo me ayudan a reflexionar sobre lo escuchado y aprendido estos días e, inevitablemente, miro al cielo y lanzo un beso a quien es mi tío bisabuelo por amor a la fiesta nacional, José Luis Osborne Vázquez, diciendo desde mis adentros: «¡Tío, va por ti! El toro bravo y la caza van cogidos de la mano y no te voy a olvidar EN VILLARGORDO DEL CABRIEL, CON LA ESCOPETA AL HOMBRO».

8

En Villargordo del Cabriel, con la escopeta al hombro

Agosto ha hecho su entrada con fuerza en nuestras vidas y en mi amada Valencia el calor es realmente insoportable. Durante el día arde la ciudad entera; por la noche la humedad, en combinación con las altas temperaturas, provoca una reacción corporal previa a una ducha del todo precisa. Es difícil incluso conciliar el sueño.

Calor hace en toda la Comunidad, pero mi madre es de Villargordo del Cabriel, el secano más valenciano. Esta preciosa localidad es el último pueblo de la provincia, linda con Cuenca. Allí por el día el calor abrasa, pero el mar está más lejos, el relente no tiene fuerza, por lo cual la jornada es mucho más agradable, pues sube la temperatura, pero no sudas o lo haces levemente, aliviando la molestia pasando un pañuelo por la frente. Además, sobre las ocho de la tarde empieza a soplar el solano y es posible precisar incluso de una chaqueta o, cuando por la noche te acuestas en la cama, echarte encima la colcha, pues no te estorba. El calor seco deja de ser sofoco para causar simplemente cierto malestar.

Tras un par de noches rozando los 40 grados en la ciudad, mi marido y yo decidimos pasar la última quincena del mes en el pueblo donde nació mi progenitora y disfrutar de mis amadas Fiestas de Agosto.

¡Soy valenciana! ¡Soy del vergel más bonito de España! Por mis venas corre tierra de la huerta, frutas, verduras y flores. La uva, el aceite de oliva virgen tersan mi sangre y el solano más valenciano la hace correr con fuerza; además, la música hace bombear mi corazón y me llena de pasión. El padre de mi madre, mi abuelo Ricardo, fue un rey del clarinete; en la Unión Musical San Roque aprendí a amar el lenguaje más selecto. En personas como yo, fruto del amor entre un hijo de labradores del regadío y una mujer nacida en el secano, Valencia luce en esplendor. Eso es algo claro y demostrado.

A las ocho de la mañana del día 16 de agosto, emprendemos camino hacia ese precioso pueblo de donde es la otra mitad de mi ser. Hoy es el día del patrón, san Roque, dueño de mi querer, y es mi deseo gozar de las honras proferidas hacia el santo por sus fervorosos amantes, firmemente creyentes de su poder. Al llegar a esa localidad de trabajadores natos, Buñol, viene a mi cabeza como un rayo mi rey al piano, Librado Pastor. Pasando El Portillo, la música es un huracán envolvente de un poder siempre latente y, en personas como yo, un sentir eternamente creciente.

Requena, entramos en la comarca cuna del vino y del aceite. El oeste de Valencia se conoce también como el altiplano, pues está situado en una gran meseta. En este municipio se conserva un precioso legado cultural: el palacio del Cid, castillos e iglesias góticas como la de Santa María y, por supuesto, una plaza de toros. Aquí la tradición taurina se remonta al siglo XVI, sus festejos eran un componente esencial en fiestas y celebraciones. Antiguamente, los espectáculos taurinos se celebraban en la plaza de la Villa, donde todavía existe el callejón de toriles. En el siglo XVIII, coincidiendo con un ciclo de bonanza económica, estos se trasladaron a la plaza del Arrabal, y a mediados del siglo XIX, el coso se instaló en la plaza de armas del castillo. La actual plaza de toros de Requena se inauguró en 1901 y cuenta con un museo taurino. Aquí se celebran sus festejos de mayor importancia en el mes de septiembre, en sus Fiestas de la Vendimia. ¡Vino y toros! ¡España en esplendor!

En pocos minutos, Utiel entra en nuestro ángulo de visión. Hasta el año 1851 perteneciente a Castilla, en concreto a la extensa provincia de Cuenca, esta localidad es poseedora de un notable nudo de comunicaciones e importantes monumentos, como la iglesia de Nuestra Señora de la Asunción, la cual data del siglo XVI, o la iglesia de San Francisco, un precioso templo neoclásico del siglo XVIII, además de contar con una de las plazas de toros más antiguas de Valencia. La tradición taurina viene de lejos, existe documentación sobre la realización de corridas desde el siglo XVI en la plaza del ayuntamiento, celebrando festejos religiosos, coronaciones... La afición fundó la Sociedad Taurina La Utielana, la cual contaba con ciento tres socios en 1857, costeantes de la construcción del coso de mampostería. ¡Fe, toros y vino! ¡España en grandeza!

Estamos en la N-3, la carretera vieja, y en pocos minutos alcanzamos Caudete de las Fuentes, nombre proveniente del latín *caput aquae* ('cabeza de agua'), denominativo merecido por su riqueza en ese oro para el amante de los cultivos, el agua. Aquí reluce la hermosa iglesia de la Natividad de Nuestra Señora, construida en 1731.

En pocos minutos atisbamos la «cuesta de los civiles». Hace muchos años, efectivos de la Guardia Civil se colocaban en esa pendiente, velando por el bienestar y el cumplimiento de las normas de todos los conductores. Esta corporación ya no está ahí, salvo en caso de ser necesario, pero el mote se ha quedado. ¡Algo típico en mi amado Villargordo del Cabriel!

Seguimos circulando, gozando de la naturaleza. En pocos minutos mi visión tropieza con ese pueblo portante dentro de mi corazón, donde cepas, almendros y olivos guarecen todo lo vivo. ¡Un paisaje maravilloso guardando lo más hermoso! Vida vegetal y animal cuidada con esmero por el ser humano, además en muchas vertientes. Acto espejo del «te quiero» más verdadero, pues en Villargordo es un sentimiento siempre latente, agradecen con su trabajo al campo sus presentes.

Al entrar en mi hogar villargordeño, me emociono sin poder evitarlo. En esta casa están los recuerdos más tiernos de mi infancia, por eso gozo mi estancia en la misma haciendo cualquier cosa: barrer, leer, cocinar, ver televisión, charlar con un amigo... Es una catarata de escenas de un pasado vivido y muy sentido.

Nos arreglamos cuidadosamente para ir a la fiesta dedicada a san Roque, el patrón. Ayer, día de la Virgen de agosto, hoy y mañana, el día de Los Cabos, el orden de los acontecimientos matutinos es el mismo, una emocionante procesión donde la Unión Musical San Roque acompaña a la Virgen y al santo en su itinerario: la corrida de bandera, la santa misa y el concierto de la Unión Musical San Roque.

La corrida de bandera es un acto a resaltar. La Hermandad de San Roque, una asociación de constantes amantes por la memoria y conservación de la historia del pueblo, es poseedora de un estandarte con la imagen del santo. Esta mide más o menos 2 metros y pesa unos 5 kilos. En la plaza, al ritmo marcado por la pita y el timbal, los varones la cogen y tras hacer la protocolaria genuflexión a san Roque y la Virgen, la ondean en el aire, en un acto lleno del amor más varonil. Las damas la toman, muestran su respeto a la madre de Dios y al patrón de la localidad con la oportuna reverencia y, asiendo el palo del estandarte con los brazos, dan la vuelta a la plaza volviendo a estrechar el lazo en un acto de abrazo de amor real, algo nada banal. Es una de las tradiciones religiosas más antiguas de la Comunidad Valenciana.

La santa misa me regocija en mi fe. Soy católica, amo a Dios, y el encuentro con el Padre reconforta al hijo, además de aportar paz a su alma. Me emociono después escuchando la banda de mi pueblo en ese hermoso concierto. Una mañana para el recuerdo.

Entrando en la calle, me vuelve a invadir la alegría al coincidir con mi querido Diego. Hoy es su cumpleaños, mañana el mío; nacimos el mismo año, nos llevamos tan solo un día. Su casa tabica con la mía. Hemos compartido desde el nacimiento hasta la actualidad alegrías, penas, acontecimientos diversos, por eso el encuentro no puede ser más tierno.

—¿Qué pasa, viejales? —le digo mientras nos fundimos en un abrazo.

—Mañana te contaré lo mayor que soy, puñetera —me contesta, mientras su pequeña nos envuelve en carcajadas de alegría.

La abrazo y le digo:

—¡Ay, mi chica! Dale un beso a la tía.

La amistad en mi pueblo, en ocasiones, es familia por elección, san Roque nos hizo hermanos por amor. De la misma manera, gozo las muestras del verdadero «te quiero» de David y Gema, emplazándonos para un café esta misma tarde, donde ambos matrimonios nos pondremos al día, pues ahora debemos preparar la comida. Maravillas de una amistad transmitida de generación en generación, la magia del corazón.

A las siete de la tarde acudimos al centro neurálgico de mi pueblo, la plaza, para participar en el Puñao, ¡una tradición muy nuestra! En el día del patrón, la Hermandad de San Roque reparte zurra fresquita con papas, cacaos, tramusos... El pueblo entero se une en una merienda previa al día de Los Cabos, pues esta ata en cariño a los villargordeños guardando su unión. Los corrillos son charlas plagadas de recuerdos de años pasados, donde con el pensamiento traemos al ausente; la sangre tira, y eso en el secano es un sentir siempre latente, además de formar parte del vivir. Por eso, con mi querida Nuria, su marido, Gaby, mi primo Juan y su mujer, traemos a nuestra vera a quienes por cariño fueron mis tíos, Emilio y Luisa, evocando momentos inolvidables, pues el padre de mi Nuria fue un trabajador voraz de la tierra, además de muy tenaz, como mi tío Bernardino, a quien tuvimos la pena de perder muy pronto. Mi primo recuerda esa preciosa burrita negra, cuidada al extremo y perfectamente colmada en sus necesidades, ayudando a su padre a trabajar la tierra, e inevitablemente me emociono.

El sentimiento va en aumento, pues Gabriel y Emilio, armados con su clarinete y su trompeta, hijos de esta familia regalo del amor por mi pueblo, de mi Nuria y mi Gaby, se acercan a nosotros agarrados a sus otras voces. Ambos son chavales encantadores, enseguida me saludan, pues hacia su tía Ali solo tienen cariño y amores, mientras me preguntan:

—Tía, ¿cuál es la pieza que tocaba tu abuelito que tanto te gustaba cuando eras niña?

—*Amparito Roca.*

—Mañana sonará para ti, tía. Es nuestro regalo de cumpleaños.

Mi primo se acerca a mí y me abraza, mientras les dice a los jóvenes más elegantes y caballerosos:

—Debéis luciros, menudos trinos tiene ese pasodoble. El tío Ricardo los bordaba.

—Y nosotros lo haremos para la tía Ali.

Sin querer evitarlo, rompo a llorar llena de sentimiento, agradeciendo a mis sobrinos Emilio y Gabriel el regalo más divino. Juan aprendió a tocar el clarinete bajo la tutela de mi abuelo y consiguió su anhelo, pues nos adoramos. La música ató su lazo, ambos somos eterno abrazo. Mi tía abuela y mi abuelo son dos hermanos desde el cielo felices y orgullosos de dos nietos conscientes de un pasado común, plagados de los cariños más hermosos del uno al otro desde muy niños. Las risas se mezclan con las lágrimas al escuchar las palabras de mi marido a Rían, la mujer de mi primo Juan:

—Yo creo que estos en la próxima vida se casan. ¡Míralos! Los dos llora que te llora, iguales.

—No lo niego, ¡sí! —contesto riendo, mientras me dirijo a mi marido y a mi prima, explicándoles—: En la próxima vida se piden las oportunas dispensas papales. A mi madre y a mi tío les da un ataque, pero todo solucionado.

El corrillo se convierte en una preciosa plaza de toros donde tres matrimonios unidos por el respeto al pasado y los amores a la tierra traen al ruedo recuerdos evocados por ellos mismos en un acto de amor, arropado en ternura y candor. A las nueve de la noche levantamos la sesión y quedamos ya para mañana. Es mi cumpleaños y deseo estar en plena potestad de mis facultades.

Es 17 de agosto, día de Los Cabos. Hoy cumplo cuarenta y nueve años en mi amado pueblo, como hice desde mi primer aniversario. ¡Me siento feliz! Mis hijos, mi sobrino Carlos, mi esposo y gente muy querida me acompañan en un día tan especial y del corazón no salen quienes en la Tierra ya no están. En la plaza del pueblo, amigos y familia me cubren de gestos de amor, empezando por mi hijo y mi sobrino. Mi primogénito corre la bandera de san Roque con su primo hermano, mi primer sobrino, Carlos. Yo lo hago con mi hija, Cristina. A todos siempre les expliqué algo sucedido años pasados cuando el padre de mi madre, su bisabuelo, tal día como hoy ondeaba la bandera al aire dos veces, una por tradición y por fe y otra por amor. Conmigo fue abuelo por primera vez, soy la mayor, y agradecía a la Virgen de agosto y al patrón su ascenso de rango sanguíneo con el corazón.

Un poco antes de comenzar el concierto de la banda, unas manos me abrazan por la espalda con un:

—¡Prima! ¡Hoy es tu cumpleaños! ¡Muchas felicidades!

Carmen Suárez, alcaldesa del pueblo y fundadora de la agrupación Somos Villargordo, es prima mía. Ambas nos fundimos en un abrazo pleno de cariño, somos flores del mismo almendro; han intentado separarnos, pero no han podido. Al levantar la vista distingo una pareja. Es su hijo, mi sobrino Eloy, a su lado una joven muy linda lo acompaña, y entre los dos hay un carro con un bebé de cuento de hadas. Inmediatamente, me envuelven los brazos de este chaval portante de mi sangre, quien vuelve a hacer muestra de nuestro cariño presentándome a su mujer y a una princesa, quien empieza a balbucear requiriendo atención.

—¿La puedo coger? —le pregunto a la pareja, deseosa de su asentimiento.

—Sí, es muy cariñosa —contesta educada la dama, mientras la desata y la pone entre mis brazos, diciéndome—: Tome, cójala.

—Mi niña... Eres preciosa. Por cierto, para ti soy la tía Ali, ¿no has oído a Eloy?

Nos envolvemos en risas ante la expresión de mi sobrino, pues es claro espejo de un «ya lo sabía yo, así es mi tía Ali», para al instante volver a emocionarnos al escuchar mi regalo de cumpleaños con los trinos emergentes del clarinete de mi sobrino Gabriel Monsálvez. En el día de mi aniversario, con este regalo del amor a la tierra y la música, envuelta en esas tonalidades de la trompeta de mi Emilio, acompañadas de esa banda tan amada por mi abuelo, y con mi sobrina nieta entre los brazos, simplemente soy una reina. Mi querida Carmen inmortaliza el momento con la cámara, feliz de ver a su Ali sostener a su nieta. De nuevo, hay fiesta en el cielo de Villargordo del Cabriel, pues mi prima y yo quedamos para desayunar mañana y poder hablar de muchas cosas.

A las ocho y media de la mañana estoy en el Bar del Peón; la alcaldesa y yo hemos quedado allí. Está situado al lado del ayuntamiento, en la carretera vieja, y a pesar de ser hoy todavía día festivo, estoy segura de algo, va a entrar a trabajar, pues han sido tiempos difíciles y hay mucha faena a completar.

—Ali, ya estoy aquí. Prima, perdóname, he tardado un poquito.

—Tres minutos, ya ves tú.

—Desayunamos y entro, pues debo recoger una documentación, mañana se presenta en Requena.

Mi prima es una mujer innovadora, la alcaldía la lleva en las venas. Su padre, mi tío Emilio, fue el último alcalde de Villargordo del Cabriel en dictadura. Carmen ama la tierra, es consciente de la belleza de esta maravilla de pueblo luciente de su realeza, pues cuida la vida tanto del ser humano como del habitante de la naturaleza.

—Prima, tenía muchas ganas de tener esta conversación contigo. Cuéntame, ¿qué es Somos Villargordo?

—Pues lo vas a entender enseguida: un nuevo grupo político sin color alguno que simplemente busca el bien del pueblo.

—Estos últimos tiempos deben haber sido difíciles.

—¡Muy complejos, prima! La pandemia ha sido causa del malestar económico de muchos empresarios y hemos centrado nuestro esfuerzo en ayudarlos. La gente mayor e inválida ha sido prioritaria para nosotros, el centro de salud lo hemos arreglado... En fin, Ali, lo preciso.

—¿Y en el campo, primeta?

—Esa ha sido otra, mi Ali. Con la pandemia no se podía salir a cazar y los animales han deshecho muchos cultivos. ¡Mira, ahora hemos acabado el depósito del toro!

—Je, je, je, estos toros me persiguen... ¡Y más el de Osborne!

—¿Y eso? ¿Por qué hablas así?

—Pues mira, prima, la tauromaquia me ha enamorado, me ha regalado muchas cosas. Un nieto de D. José Luis Osborne Vázquez, hoy en día, es mi tío José Luis. El toro bravo me tiene muy mimada.

—La verdad, Ali, hay mucho falso animalista. Es como la caza, es un deporte y, además, algo necesario para equilibrar el ecosistema. Nosotros hemos arreglado caminos, sendas... La caza trae mucho bien al pueblo, y eso es algo del todo cierto.

—Lo sé, prima. Mi padre fue cazador. Para más inri, la caza se come y permite degustar el magnífico sabor del animal criado en libertad. Yo puedo entender si no quieres practicar ese deporte y lo respeto, pero ¿prohibir? ¡Eso es dictatorial! Ahora qué pasa, ¿vemos un jabalí y tenemos que preguntarle si quiere unas tostadas como estas? No entiendo nada, teta.

Seguimos charlando unos minutos más, pero levantamos la sesión porque Carmen debe completar su función como alcaldesa. Al despedirme de mi prima, enciendo un cigarrillo y doy un pequeño paseo buscando un viaje introspectivo en el tiempo. Rodeada de cepas, carrasca, almendros y olivos, traigo a mi padre conmigo. Mi progenitor fue un amante de la caza.

En el año 1972, él y mi tío Pepe, su primo, se inscribieron como miembros de la sociedad de cazadores Los Cazallos. Ambos gozaron la caza menor: perdices, liebres, conejos... Amaban la vida animal y lo demostraron con hechos. El cazador respeta las normas a seguir, ni más ni menos, busca el buen vivir del mundo animal. Además, el perro es un eterno compañero, está en perfectas condiciones de salud, con un carnet que certifica las mismas, y juntos viven un caudal de emociones.

Inevitablemente, viene a mi memoria una situación vivida hace diecinueve años. El 9 de noviembre era el primer cumpleaños de mi pequeña y en mi casa esperábamos la llegada de mi progenitor, pues venía de cazar, para prender la velita en su presencia. Al entrar en mi hogar, mi padre echó sobre mi regazo el zurrón, diciéndome: «¡Toma, para celebrar que hace un año eres madre por segunda vez!». Al abrir la bolsa encontré un gazapo de liebre recién nacido. Mi tío era dueño en aquel entonces de Chispa, un *drahthaar* de complexión física fuerte, pelo duro y una boca muy grande. Mientras cazaban, encontraron a Kiwi —así bautizamos a la liebre— dentro de la boca del perro y en perfecto estado, ¡no tenía un rasguño! Esa misma noche empecé a darle biberones. Cuando lo soltamos en el campo pesaba 3 kilos, y los más orgullosos de mis acciones de amor hacia Kiwi fueron mi padre y mi tío. El cazador ama la vida animal y lo he comprobado con hechos. Ni mi padre ni mi tío me negaron jamás una explicación, practicaron caza mayor, batidas…

Decido volver a casa paseando y ya casi llegando al núcleo urbano, tropiezo con José Palau, presidente de la sociedad de cazadores, como lo fue su padre tiempo atrás. Nos saludamos alegremente, hacía mucho tiempo de la última vez. Y, por supuesto, nos ponemos a hablar del mundo animal, ambos lo amamos. José es propietario de una rehala compuesta por unos treinta perros. Estos tienen perfectamente colmadas sus necesidades, están en buen estado de salud y con las revisiones veterinarias cumplidas estrictamente. La mayoría son podencos, aunque hay alguno cruzado con mastín. Cuando le pregunto por sus características, me explica:

—Pues mira, Alicia, en términos generales es un can de tamaño medio, alto, esbelto, delgado, ágil, de patas alargadas y atléticas. Muestra una gran predisposición para el deporte y la carrera. Es un perro nacido para la actividad, con una gran energía contenida y necesita descargarla de la forma adecuada. Tienen un cuerpo estilizado, bien proporcionado, son delgados, pero a la vez musculosos. Además poseen un cuello alargado y ancho, y eso aporta robustez al animal. El cuerpo termina en una cola larga y de inserción media, la suelen llevar caída, excepto cuando están en plena actividad. Todas estas características físicas le aportan una importante agilidad, así como velocidad en la carrera y también la fuerza, el ímpetu necesario para buscar piezas de caza o abatir algún animal si es preciso. Ahora voy a verlos, si quieres ven conmigo.

La curiosidad me puede y, por supuesto, lo acompaño. Al llegar allí, los animales muestran gran alegría al ver a su amo. Yo me mantengo un poco alejada por el estruendo de sus ladridos de felicidad, pero me aproximo cuando mi buen amigo me invita a hacerlo para poder gozar del cariño más desprendido y noble, el del perro de caza. Juntos les ponemos la comida y mi querido José me explica la función de la rehala, solventando mis dudas al respecto:

—Es muy fácil. Mira, esta modalidad se puede practicar desde el final de la vendimia hasta el segundo domingo de febrero. Es para caza mayor, se puede ejercer los jueves, los sábados, los domingos y festivos. A esta categoría aquí la llamamos «los ganchos». Los cazadores están con sus rifles en puesto fijo, con la distancia debida entre ellos, perfectamente identificados en sus lugares, pues llevan un chaleco y una gorra color naranja. Los responsables de los perros llevamos una escopeta, en mi caso solemos ir dos personas; rifle no podemos. Lo hacemos un poco por autodefensa o por evitar males mayores entre los animales. Una vez llegamos al sitio señalado, soltamos los canes, que buscan la presa, la acorralan, la asustan y la obligan a salir del lugar donde se encuentra, de su escondrijo. Simplemente, la fuerzan a moverse. Entonces, desde el punto asignado, el cazador tiene la oportunidad de disparar. En otros lugares esta forma se utiliza en monterías, pero en Villargordo lo hacemos así. Además, la rehala está inscrita en la Sociedad de Rehalas con su correspondiente seguro y se guardan todas las normas de seguridad, unidas por supuesto a las de los cazadores, con sus debidas documentaciones.

Mientras damos un paseo para volver al pueblo, le pregunto:

—¿Y qué pueden cazar?

—Pues ya te he comentado, amiga mía, caza mayor: jabalís, muflones, ciervos, corzos...

La caza es un mundo muy conocido por mí, lo he vivido de cerca desde mi nacimiento. Mi padre fue mi mentor, mi referente, mi mejor amigo, un constante compañero de fatigas, el bastón donde apoyarme al necesitar ayuda o apoyo de cualquier tipo y el ser más feliz compartiendo conmigo los buenos momentos. Desde muy niña me enseñó a amar las maravillas de la naturaleza. Nuestros paseos por el campo eran constantes cuando en verano la veda estaba cerrada. Me mostraba la realeza de Villargordo del Cabriel y cuánto cuidan a los animales los cazadores de ese jardín de mis amores.

José Palau, presidente de Los Cazallos, prosigue con sus aclaraciones al ver mi interés. No tiene nada a ocultar y reconoce ese amar por la caza llevado en los genes, pues su padre también fue cazador, practicó ese deporte reflejo de calor al animal.

—Ali, la gente desconoce el mundo de la caza. ¿Considerarla asesinato? ¡Es muy fuerte! ¿Qué prefieren, animales muertos de hambre entrando en los núcleos urbanos y cargándose cultivos?

—No entiendo nada, amigo mío. Cuando comenzó la pandemia, un jabalí apareció en los alrededores de la catedral de la Mare de Déu del Lledó en Castellón y pusieron a parir a la policía por los tiros al animal. ¿Preferían la muerte de alguien?

—¡Pues tiene buen carácter el jabalí cuando tiene hambre o se siente acorralado!

—Amiguete, el papá me enseñó cuánto cuida el cazador la caza. Creo no excederme si afirmo que ¡el cazador cultiva la caza!

—¡No te pasas nada en absoluto! En los periodos que la veda está cerrada, se siembra trigo, breza, cebada... Los abrevaderos se llenan. Esta se abre y cierra respetando las necesidades del animal, sus periodos de reproducción. Por ejemplo, ahora se puede cazar la paloma torcaz, que se está poniendo morada comiéndose las sobras de la siembra.

Embaucados en esta conversación repleta de perdigones ante tanto falso animalista, entramos en el pueblo. Al vernos, sale a nuestro encuentro Chimo, secretario de Los Cazallos. Un choque tan fortuito como agradable se merece celebrarlo, y nos sentamos a tomar un café los tres. Son las diez y media de la mañana y el frescor matutino invita a degustarlo. Entre dos buenos amigos cazadores, como dijo ese grande de la letra, D. Miguel Delibes, me siento una princesa «con la escopeta al hombro».

—¿Cuántos miembros tiene la sociedad de cazadores, Chimo?

—Setenta socios, Ali. Estos pagan 100 euros al año por pertenecer a nuestra corporación y 60 los jubilados.

—Sí, Chimo, pero explícaselo bien. Ese dinero en gran parte vuelve a recaer en Villargordo, porque le damos al Ayuntamiento del pueblo una cantidad y se arreglan caminos, servicios públicos, sendas... La caza repercute en el bienestar de los habitantes de la localidad. Algo innegable.

—Chimo, ¿y tú qué modalidad de caza practicas?

—El tiro con arco.

—Pues ahí estoy muy verde. Ponme al día.

—¡Ja, ja, ja! Tú estás más puesta en la caza menor y mayor con rifle o escopeta, como hacían mi padre, el tuyo, tu tío... Con esos perdigones del 7 y el 8 para las perdices y los conejos, o del 6 cuando llegaba el frío intenso.

—¿Por qué se pasaba al 6? No me acuerdo.

—Es un perdigón más gordo y caliente, entra más profundamente. Así les pegaban a las perdices, los conejos, el tordo o las liebres cuando aprieta el frío, de eso te estás acordando. Y en la caza mayor se tira con bala. El tiro con arco es más reciente.

—Mira, Ali, es un arco de poleas. Con ellas conseguimos tensar la cuerda, la ponemos a unas 60 o 70 libras de potencia. Tiene puntas de caza. Yo lo practico por la noche, es precisa la ayuda de una linterna acoplada al mismo, roja o verde, para poder disparar. Si no se consigue matar al animal al primer flechazo, se le pistea con un perro, generalmente un *teckel* o sabueso de Baviera, y se remata. Debe haber de 20 a 30 metros entre el arquero y la presa, estamos muy cerca del animal, de esa manera el tiro es más certero. Además, solemos estar subidos a una olivera, un pino, una carrasca… Ten en cuenta que el animal te puede sentir, estás muy cerca.

Mientras charlamos, un tractor pasa por delante de nosotros y hace sonar el claxon, saludando a mis caballeros. Es otro señor que demuestra con hechos amor al mundo animal, pues José me explica:

—¡Mira! Ya viene de rellenar los abrevaderos. El animal necesita beber y no le puede faltar agua. No dejamos de estar en el secano, debemos velar por su bienestar. Sí, los cazaremos cuando llegue el momento y nos los comeremos.

—Mi padre lo decía constantemente, todo lo que se caza se come y comemos para vivir. Respeto a los veganos, pero exijo lo mismo para quienes comemos carne. Mirad, al César lo que es del César. Los médicos apuestan por una alimentación variada, rica, completa… Yo debo tomar medicación por una serie de patologías de las cuales adolezco, no creo necesario tomar más química para suplir los nutrientes aportantes por la carne o el pescado. Es más, me parece ridículo. Y con el COVID paseando por el mundo, debemos estar fuertes.

—Sí, estás en lo cierto, amiga mía —me aclara mi arquero favorito—. Pero hay algún animal que se caza y no se come de la misma manera, también existen especies protegidas.

—Sí, esto último lo sabía, pero lo del animal no comestible no. ¿Cuál sería?

—Por ejemplo, el zorro, las urracas... Son alimañas. No reportan ningún bien, atacan a otros animales y solo hacen mal.

—De ese dato carecía, lo desconocía, y me parece extremadamente interesante.

Levantamos la sesión emplazando nuestro siguiente encuentro para mañana a las ocho, temprano. En esa preciosa Peña Blanca gozaremos del animal en plenitud, en su hábitat. Es un paraje natural embaucador.

—Te recogeremos en la entrada de la calle San Roque.

—El almuerzo lo preparo yo para los tres. Sin tonterías, chicos.

—¡Ja, ja, ja! Siempre a tus órdenes.

Al día siguiente preparo cuidadosamente los tres bocadillos y pongo en la nevera de campo hielo y bebida; vamos a andar y puede ser necesario hidratar el cuerpo. A la hora acordada están mis cazadores favoritos recogiendo a su Ali. Tomamos la N-3, llegamos al puerto de Contreras, a un puesto próximo al Vallejo de las Chuscas, donde dejamos el vehículo en un punto autorizado para ello. Dando un paseo, por la sierra del Rubial llegamos al vértice geodésico de Peñas Blancas, un mirador privilegiado sobre los Cuchillos del Cabriel.

En el recorrido gozo de la frondosidad del bosque con abundantes pinares, carrasca, rodenos, madroños... Almorzamos en la Fuente de los Chuscos avistando cabras montesas, ciervos, algún jabalí, y me extasío observando el elegante vuelo del águila. Maravillas de la naturaleza mostrando su realeza y el cazador la cuida y estima. Simplemente, es su joya.

Hoy me siento la mujer más privilegiada, entre dos buenos amigos, gozando la madre tierra, nuestro almuerzo es un banquete celebrado en un salón de alta gama con una exquisita decoración. El águila sigue sobrevolando, dos cabras montesas pasan corriendo. ¡Naturaleza en esplendor!

Mis queridos acompañantes se percatan de mi interés por el águila. Me arrebata su visión, cómo vira en su vuelo buscando su anhelo, comida, algo necesario para la vida. El ave jamás pierde su estilo, es un animal emblemático y está protegida. El águila perdicera, el búho, el buitre leonado, el halcón peregrino, el águila real... son aves rapaces, grandes depredadoras, y su posición en el ecosistema es de vital trascendencia. En Villargordo del Cabriel es una obligación de alma y corazón velar por su conservación.

—José —le digo mientras sigo con la vista al ave más elegante, reina del cielo del secano—, sé que sería difícil, pero si accidentalmente un cazador hiriera a un águila, ¿qué sucedería?

—Es prácticamente imposible, pero si pasara, te garantizo algo: él mismo no se lo perdonaría y rápidamente llamaría al SEPRONA para salvarle la vida.

Me termino mi zumo de piña meditando las palabras de mi buen amigo, refrenda constantes afirmaciones de mi padre. El cazador ¡ama el animal! Respeta la Ley General de Veda, aunque delincuentes existen en muchos ámbitos de la vida y, sí, desgraciadamente existen cazadores furtivos, pero no midamos con la misma vara al malhechor. Ni es justo ni debemos consentirlo.

A las seis en punto de la tarde unas manos golpean la puerta de mi casa. Mi primo Juan ha venido a recogerme. Tiempo atrás habíamos hablado de unas tierras heredadas de nuestros abuelos por sus padres y le comenté mi deseo de pisarlas. Siempre presto a cumplir los anhelos de su Ali, ha cogido el coche y nos vamos hacia la Ceja.

Al llegar me emociono sin poder evitarlo. Mi caballero me explica la vida de oliveras y almendros en tiempos pasados. Son tierras donde nuestro árbol tiene raíces. Estoy con alguien a quien quiero con el alma y me une la sangre e, inevitablemente, entre las cepas miro al cielo, recordando a mi abuelo Ricardo y a su hermana, mi tía Petra. Ambos han conseguido su anhelo, esas cepas cultivadas por Juan son mías por su propiedad, algo tan sencillo como cariño real, un sentimiento nada banal.

—Prima, mira, ¡un zorro!

—¿Dónde?

Sale corriendo de detrás del pino gordo y pasados unos minutos un jabalí sigue el surco marcado por su antecesor. Nos hacemos unas fotografías entre cepas brillando en esplendor. Unos conejitos corren por otro surco a unos 20 metros de nosotros. ¡Vida vegetal y animal!

Un día más en este jardín del Edén, Villargordo del Cabriel. Bajo a por el pan a las ocho de la mañana. Es temprano y me arrebata tomar un café en la terraza del bar envuelta en el frescor de la madrugada, el cual desprenden estas tierras de mi amar. Mi querido Ángel me lo trae rápidamente, y empezamos una charla, por supuesto, evocando tiempos pasados, pues ambos somos amigos desde muy niños. Se une el mejor contertulio, mi querido Manolo Gómez Pérez.

Este señor andaluz llegó a mi pueblo siendo muy pequeño y, junto a mi tío Bernardino, consiguió sus sueños. Conoce la madre tierra, es un artista en el arte de la poda, algo básico para el bienestar del árbol. Ha trabajado en el campo en muchos ámbitos y lo ama, pues es un caballero agradecido y la tierra le proporcionó su sustento. Mi tío no me regaló un amigo, para mí es un hermano, sentimiento recíproco, ya que a su Ali la adora. Por eso no me extraño cuando escucho:

—Ese café está pagado.

—¡Tete! ¡Qué alegría!

—Mira, estaba pegando una vueltecilla y he parado al verte.

—Pues mira, yo estaba pensando que nos vamos en tres días y me hacía ilusión ir a las trincheras.

—¡Ala, ya tardas! Acaba con el café, nos vamos.

El avance de la Guerra Civil por la provincia de Valencia dejó en mi pueblo un gran entramado militar formado por varios conjuntos de trincheras. Soy una amante de la lectura y la historia, entiendo —creo acertadamente— que es necesario recordarla para no reincidir en errores del pasado, y deseaba esta excursión. Las trincheras de Contreras se utilizaron por primera vez contra los franceses durante la guerra de la Independencia.

Mi tete, como decimos en Valencia, arranca el coche. Por la antigua N-3 nos dirigimos a Contreras. Antes de llegar hay un desvío a mano izquierda, lo cogemos y encontramos esa joya histórica, las trincheras. Sin querer evitarlo, me estremezco. ¡Cuántas cosas habrán visto esas piedras! Muertes, llantos, penas..., cobijadas por pinos bajo el ojo aventajado del animal rey de los cielos, el águila. Hoy en día, jabalís, ciervos, corzos... recorren esa parte del pasado del país. Soy una mujer sensible, cariñosa, emotiva, al entrar en ellas me estremezco de emoción. ¡Es historia de España! Hoy en día está custodiado por animales de diversa condición. ¡El hombre vuelve a darle cobijo al animal, y eso es amor!

Esta noche cenamos en la calle con David y Gema, disfrutando de la compañía de Gabriel y Gema, sus hijos. Nuestros contertulios gozan la charla y esos «¡tío, tía!» emitidos por los labios de mis vástagos. Mañana es un gran día, el bautizo de Fátima, la nieta pequeña de Manolo y María Victoria. Mi esposo y yo somos los padrinos de esa princesa, por lo que a las doce de la noche decido acostarme, pues mañana debo relucir en ese honor concedido por esa sobrina regalo del secano pleno de amor. ¡Maravillas del sentir!

A las once de la mañana es la celebración. Fátima está preciosa y en los brazos de José reluce como una rosa. Dando un paseo nos acercamos a la iglesia. Este precioso monumento data del siglo XVIII, está construido en estilo neoclásico y goza de un campanario advirtiente con sus toques de distintas marcas y tiempos diferentes hechos. El sacramento ha sido impartido de manera solemne e inolvidable por un rito antiguo. En mis brazos Fátima se ha convertido en hija de Dios. ¡Soy su madre espiritual! ¡Un gran honor!

Emprendemos camino al toro, para comenzar a preparar la fiesta. Mi sobrina Carmen es una cocinera de primera y, en el puesto habilitado para ello, va a preparar una paella. ¡Hoy es un día grande! ¡Fátima ya es parte de la Iglesia!

Arrancamos los coches y por la antigua N-3 en dirección Contreras, a 500 metros, llegamos a ese precioso toro de Osborne. En este paraje natural hay dos ermitas a esa amada Virgen de Tejeda; conozco el ritual y ofreceré a mi ahijada, rogando su protección a la madre de Dios.

La cocinera más cualificada, con la ayuda de su madre, su tía, su prima…, se pone a trabajar. José, Fátima y yo nos vamos a pasear. La tierra de cultivo invade nuestro ángulo de visión, almendros, viñas… Si vas bajando a Contreras, el pino se convierte en el rey. Al llegar a ese precioso toro de Osborne me emociono y le pido a mi marido una fotografía con mi Fátima entre los brazos, quien responde a las muestras de cariño de su madrina, ¡las mías! Y sonríe al ver a su tío con la cámara. El pueblo está muy cerca, el depósito de agua prácticamente a nuestro lado. Perdices, codornices y alguna liebre de vez en cuando hacen acto de presencia. Por la noche algún jabalí puede decir «¡estoy aquí!».

Mis últimas andanzas por la tauromaquia me han demostrado algo claramente: caza y toro bravo van cogidos de la mano. Cazador, mayoral, picador y matador demuestran al animal su cariño, pues someten su vida a ellos. Muchos ganaderos de toros bravos combinan la crianza de los mismos con cotos de caza. Y en mi amado pueblo, con mi ahijada entre los brazos, al lado del toro de Osborne se ha atado otro lazo.

Jamás olvidaré este día pleno de hispanidad y valencianía; es más, presumiré de él EN EL BELLO MONROY, VOLVIENDO A GOZAR DEL SECANO.

9

En el bello Monroy, volviendo a gozar del secano

Septiembre es un torbellino de trabajo para la madre con hijos en edad escolar, en cualquier ciclo del mismo. La diferencia estriba en el material a comprar dependiendo de la edad del estudiante y el curso a realizar, pero la verdad es, hay un cúmulo de deberes agotador, pues cuando no falta una cosa, carecen de la otra y debes ir a buscarla a otra librería o centro comercial. Bolígrafos, folios, libretas… son objetos troncales en cualquier ciclo escolar. Cuando un niño está en educación primaria o secundaria, uniformes, un modelo de zapato… se unen a los objetos precisos.

Gracias a Dios, mis vástagos ya están en la Universidad de Valencia. El mayor estudia Derecho, como sus padres, y mi benjamina, una mujer introspectiva con un fondo humano hondo, precisaba de diálogo, pensamiento y razones, por lo cual fue Turia desembocando en el Mediterráneo de la filosofía, amor a la sabiduría. Estoy muy orgullosa de los dos. En la actualidad, la informática ha resuelto muchas de esas necesidades primarias en mis tiempos universitarios, pues el ordenador, el libro electrónico han solventado la papeleta precisa para poder aprender, pero con todo y con eso, es mucha la faena a resolver. Los equipos informáticos deben estar en perfecto funcionamiento. La filosofía necesita en muchas ocasiones de ese papel con letra impresa de mi querer rubricado por Sócrates, Platón, Aristóteles..., y un montón de veces el Código Civil, el Código Penal, el Mercantil... deben estar a mano, pues son garantía de seguridad y certeza plena.

Gracias a Dios, el 7 de septiembre llego de terminar mis gestiones comerciales, agobiada de estar entre tanta gente buscando de un lado a otro, pero completamente segura de un trabajo bien terminado. Entro en casa cansada y, al sentarme en el salón, una llamada me arranca una sonrisa de corazón: mi tía Charo quiere saber de mi bienestar. Es consciente de mi precario estado de salud, es una madre y abuela apasionada, desea saber de mí. El toro bravo solo me ha regalado embestidas del amar.

—¡Tía! ¡Qué alegría! ¿Cómo estás?

—Bien, hija. ¿Y tú?

—Reventada, tía. La semana que viene empiezan los críos la facultad, no he parado en cinco días, pero gracias a Dios ya lo tengo todo. Acabo de llegar del informático, ha revisado los ordenadores portátiles y hemos terminado. ¡Qué descanso!

—Cariño, en la comida estábamos hablando el tío y yo y hemos pensado: ¿por qué no vienes a las Fiestas del Toro de Monroy la próxima semana? Por supuesto, te quedas en casa con nosotros, y si quiere venir tu marido, también.

—Tía, si quiere que se aguante. ¡Yo también tengo derecho al descanso!

—¡Ja, ja, ja! Pues tú sola, y así reposas. Te noto muy estresada.

—Lo estoy, tía, lo estoy. No he descansado, no he parado, los críos necesitaban muchas cosas, estaban nerviosos. Empiezan el lunes, pero ya está todo en su sitio. No he salido de casa apenas y cuando lo he hecho ha sido para ir de compras. A mí entrar en un centro comercial tan lleno de gente me provoca hasta claustrofobia.

—Sí, es pesado, cariño. El viernes 14 te esperamos.

—Vale, tía. Lo hablaré con José Javier, esta noche te llamo y te lo confirmo.

Al llegar mi marido del despacho, le rindo cuentas del dinero gastado. No nos duele nada gastar para nuestros hijos, pero el amor implica comentar lo verdadero, lo certero, por eso tras el parte monetario le cuento la propuesta de mis queridos tíos Julián y Charo, a lo cual entre risas contesta:

—Sí, claro, si te quieres ir vete. Cinco días de descanso te irán bien, y Cáceres es precioso. Tengo muy buenos recuerdos de la mili.

Estoy segura de un millón de imágenes corriendo por su mente. De repente, Cris le pregunta:

—Papá, ¿de qué te ríes?

—Tu madre me vuelve a poner los cuernos. Está enamorada de los toros.

—¡Ja, ja, ja! ¿Te ha invitado la tía Charo a Salamanca, mami?

—No, a Monroy. Está en Cáceres, los tíos nacieron allí. Son solo unos días.

—Mami, no pasa nada, ya habremos empezado en la facultad. El tete y yo comeremos allí la primera semana.

—Lo sé, lo sé, por la tarde el papá ya está en casa.

—¡Jo, mamá! Yo ya tengo veinte años y mi hermano veintitrés.

—Sí, ahora llamo a la tía y acepto la invitación.

En un par de horas mi teléfono marca el número de mis queridos tíos para anunciarles mi llegada a esas preciosas tierras donde arraiga su estirpe monroyega, noticia acogida con gran alegría por ambos. El tío es perfectamente consciente de mi interés por saber, aprender, entender... costumbres y trabajos propios de ese municipio donde vieron la luz del día por primera vez. No me cabe duda, sus palabras son preludio de una sonata de acontecimientos transcurriendo por su mente, desde este mismo momento, está organizando dónde me va a llevar, cuánto me va a enseñar... En resumen, el itinerario. Sé con certeza lo prioritario, el protagonista del mismo volverá a ser el campo. Es un linaje muy encastado el de mi mayoral D. Julián Muñoz y su esposa, Charo Muñoz, vidas amando el toro bravo.

El 14 de septiembre a las ocho de la mañana tomo el AVE rumbo a la capital del país. A las 9:38 llego a la estación de Atocha, donde hago transbordo. A las diez de la mañana arranco hacia ese paraíso del secano extremeño, el bello Monroy, ya parte de mi corazón. El trayecto hasta Cáceres dura tres horas y veinticinco minutos, a las 13:25 del mediodía el tren arriba a la estación y, como esperaba, mi caballero, rey de la suerte de varas, me está esperando. Ambos nos fundimos en un abrazo tan entrañable como eléctrico; el toro bravo ha atado bien su lazo.

Cáceres es una ciudad y municipio español situado en el centro de la comunidad autónoma de Extremadura. Nos separan de Monroy 30 kilómetros. Durante el viaje me he embebido en historia cacereña. Su término municipal alberga numerosos lugares con varios siglos de historia. La ciudad está ocupada desde tiempos inmemorables, su principal hallazgo prehistórico es la cueva de Maltravieso, de un claro arte rupestre y, posiblemente, de origen neandertal. En 1882, Alfonso XII otorgó a Cáceres el título de ciudad, a partir de entonces se fue desarrollando un ensanche con el cual los habitantes de estas bellas tierras fueron aumentando.

Hasta Monroy tenemos algo menos de media hora, durante la cual mi querido Borja y yo dialogamos felices y emocionados ante los días por vivir. Van a ser hermosos, preciosos, muy docentes, al mismo tiempo de dominados por un sentimiento siempre latente.

Monroy está ubicado geográficamente en la penillanura trujillano-cacereña delimitada por los ríos Tajo al norte y Almonte al sur; ambos confluyen unos 20 kilómetros al noroeste de la villa de Monroy. Existen numerosos acuíferos subterráneos manifestándose al exterior en forma de fuentes, como la del Corchito, Las Palomas, La Amapola... En resumen, un paraíso para el amante de la naturaleza.

Al llegar a casa los tíos me reciben con el abrazo más cargado de cariño, acompañado de palabras plagadas de expresiones llenas de amor, como:

—¡Mi valenciana favorita! ¿Cómo ha ido el viaje, hija?

—Bien, tíos, bien. Ha sido muy agradable.

—Vamos a comer, descansas un poquito y luego nos damos una vueltecita.

—¡Vale! Me apetece mucho, deseo conocerlo todo.

—No tengas prisa, mi niña —dice el tío entre sonrisas, es consciente de mis ansias.

—Tío, mientras veníamos he observado muchos pastizales. Monroy debe ser un jardín para el animal.

—Lo es, mi niña, lo es. Aquí ahora hay mucho ganado manso, ovejas, vacas de carne, cerdos... Pero tranquila, vas a estar cuatro días, nos va a dar tiempo a verlo todo.

Borja es un caballero siempre pendiente de la necesidad de la dama, el saber estar es latente en mi rey al caballo extremeño. Viene de dejar mi maleta en la habitación. La tía sale con él, invitándome a conocer su casa.

—Ali, cariño, ven. Estás en tu hogar y te debes saber mover.

—Es preciosa, tía —le digo mientras me la va mostrando, pues tiene el carácter y la enjundia propios del trabajador plagado de amor a las tierras del secano.

Al entrar en la cocina el olor a la comida más deliciosa me abre inevitablemente el apetito. El zorongollo tiene un ver muy apetecible, y la chanfaina desprende un aroma irresistible.

—¿Qué lleva ese plato, tía? Huele de maravilla.

—Te va a encantar. Mira, es cordero, su sangre, hígado, corazón, riñones, tripas... Su aliño se compone de aceite, cebolla, ajo, laurel, pimiento, guindilla...

Es un manjar con una alta cantidad de vitaminas y minerales, espejo además de una forma de vida propia de este pueblo maravilloso. El animal se cría y cuida en perfectas condiciones para el consumo humano, pues el cordero en concreto aporta una gran cantidad de proteínas, además de un aminoácido concreto, la beta-alanina A. Su carne está recomendada para personas con problemas de osteoporosis por su alto contenido en selenio, fósforo, calcio y zinc, que aumenta la densidad mineral ósea. ¡Eso sí es alimentación natural!

Tras el banquete más monroyego, una buena siesta me reporta fuerzas para gozar de la realeza de Monroy. Van a mostrarme monumentos, paisajes, naturaleza... Deseo volver a Valencia con la plena certeza de conocer este pueblo donde nació mi mayoral, de ahí mi anhelo de sabiduría acerca de estas tierras rebosantes de gallardía, historia e hispanidad.

Y como no podía ser de otra manera, mis primeras andanzas monroyegas son por ese histórico castillo de Monroy. Este monumento se encuentra equidistante entre las poblaciones de Trujillo y Plasencia, situación geográfica causante de numerosos incidentes entre ambas, pues deseaban adueñarse de su término y jurisdicción. Los orígenes de la fortaleza se remontan al año 1309, cuando el noble Hernando Pérez de Monroy recibió una serie de privilegios por parte del monarca Fernando IV, una de ellas construir el castillo. ¡Estremece pensar lo vivido en ese precioso alcázar!

El sentimiento embarga mi ser valenciano y español al visitar junto a mis amados tíos la ermita de Santa Ana, patrona de la villa. Está construida junto al margen derecho del arroyo del Moro. Un monumento emblemático al lado del agua, fe y vida. ¡España!

Su origen es desconocido, pero podría tratarse de un santuario muy antiguo, en restauraciones realizadas se han encontrado objetos cerámicos de aspecto visigodo, además existen restos de muros antiguos en el lugar. La combinación de sillarejo y ladrillo en una estructura de una sola nave de tres tramos, a la cual se añade la planta rectangular y un ábside, invita al recogimiento, ¡al encuentro con Dios Padre!

Los tíos me explican emocionados los entresijos del Lunes de Albillo, una romería. Se celebra el lunes siguiente al Lunes de Pascua; inevitablemente sonrío, pues en Valencia es el día de San Vicente Ferrer. ¡España es una! Ama la fe, y a los hechos me remito. En esta preciosa celebración los caballos tienen un papel importante. Hasta mediados del siglo XX los engalanaban por la mañana para llevarlos allí, poniéndoles sus mejores galas para ir a ver a la Madre, otra muestra de amor al animal. Y, además, por la tarde el protagonismo lo tomaban las carreras de equinos, recorriendo la actual avenida de la Constitución hasta la plaza Mayor.

El arroyo del Moro, un paisaje espectacular donde el agua se mezcla con el verde, simplemente huele a vida. Unos espectaculares saltos de ese oro para la madre tierra guarecen el bienestar de los monroyegos. Naturaleza en plena efervescencia. Gozo escuchando el ruido de la reina del campo, el agua, observando el precioso paisaje envolvente de mi ser... Es maravilloso. Inevitablemente, pienso para mis adentros: «También debe ser un jardín del Edén para el cazador».

Al llegar a casa, mi querido Borja ratifica mis sospechas, me habla de jabalís, venados, perdices, corzos, incluso zorzales, un animal desconocido para mí. Vuelvo a descubrir vida del brazo de mi picador. El zorzal es un pájaro precioso, con un cante muy propio y unas costumbres oriundas de las tierras del secano. La hembra del zorzal construye un nido en forma de cuenco cerrado con hierba seca.

—Tío, ¿qué animales se crían en Monroy?

—Bueno, cariño, pues hay de todo: vacas mansas como las del tete, ovejas, caballos, cerdos... Mañana nos pegaremos un garbeo.

—Me come la curiosidad.

El teléfono del tío suena en ese momento. Lo escucho hablar desde la cocina, como es él, llano y campechano, explicando mi estancia en Monroy. Por el cariz de la conversación, intuyo una cita para mañana y, al entrar en el comedor, confirmo mis sospechas.

—Ali, mañana he quedado con mi amigo Telesforo. Iremos a ver su ganadería. Es muy majo, te caerá bien.

—No me cabe duda, tío. Será un placer.

A la mañana siguiente acudimos a esa ganadería, que es de vacas mansas. Encuentro animales perfectamente cuidados y colmados en sus necesidades. Un señor encantador, con quien tengo el placer de conversar unos minutos, me explica feliz las necesidades de un animal, sus cuidados, ¡y no son pocos! El regalo de poder darle el biberón a un becerro me llena de ternura y salgo de allí convencida de un nuevo regalo extremeño.

Nos acercamos a las viñas de Monroy, ubicadas en suelos arenosos, entre vegas y campiñas, rodeadas de encinas, jaras, lavandas, romero o tomillo, y donde rapaces y conejos se pasean libremente; estos últimos más de lo deseado, pues se están convirtiendo en una seria amenaza para los cultivos y su supervivencia. ¡La caza es necesaria para equilibrar el ecosistema! ¡Dejemos de tachar al cazador de asesino! El animal ni sufre ni padece, y en la mayor parte de los casos es un manjar. En consecuencia, cazar es amar a los demás, pues los haces degustar el mejor sabor y más natural. ¡Eso es ser vegano! ¡El animal también es fruto de la vega!

Cerdos ibéricos pastan por esos preciosos caminos. Atisbamos también manadas de ovejas en la excursión del secano más inolvidable para una mujer como yo, valenciana, con la tierra en las venas y el solano dándole fuerza, mostrando su envergadura y realeza.

Aparcamos el coche en la entrada de la ganadería de Borja, mi rey de la suerte de varas, perfectamente cuidada. Está compuesta por veinticinco animales, que al entrar los encontramos tranquilos, y durante unos minutos gozo de una primera toma de contacto con el semental, pues este se deja tocar, acariciar... Son vacas mansas destinadas al consumo humano. Una vez al día se les proporciona comida y el tío me explica colmando de detalles sus razonamientos:

—Mira, Ali, están perfectamente cuidadas. Tienen su DIB, como te expliqué en Salamanca con el toro bravo, una vez al día se les echa de comer, se vacunan, desparasitan... ¿Ves esa?

Al volver la cabeza mi ángulo de visión se encuentra una res muy gordita, está embarazada. Mi mentor, con el corazón plagado de amor, me hace una reflexión:

—Debemos estar pendientes de esa, no le queda mucho para parir.

Sigo conociendo Monroy. Nuestra siguiente parada es El Cabril, uno de los sitios preferidos por los monroyegos. Se han cumplido los vaticinios de mi tía Charo y al observar esas tierras me han deslumbrado. Es uno de los lugares a colocar como preferentes ante la necesidad de una escapada. Los saltos de agua son fantásticos, la presencia del antiguo molino hace ver amor real al campo y al animal desde hace años y en su permanencia le proporcionan el puesto debido a tomar por el mismo, pues actualmente ya no está en funcionamiento, pero durante muchos años ayudó al habitante de la localidad a alimentar la vida.

Las andanzas de mi mayoral por el mundo del toro bravo comienzan en Monroy. Mi tío es un hombre apasionado, además de agradecido, y mientras nos acercamos a casa me va hablando de las Fiestas del Toro.

Las Fiestas del Toro de Monroy se enmarcan en el calendario taurino de España, además de ser las más importantes en este precioso lugar por su duración y características. Mi contertulio reflexiona pensando en años pasados, es un hombre llano, pero al mismo tiempo sensible, y tras recapacitar confirma sus afirmaciones sobre estas celebraciones, pues se han mantenido durante décadas en lo esencial. Con certeza no conocen su origen, probablemente pudiera estar relacionado con el auge de la agricultura, además del incremento poblacional registrado en el siglo XIX, pero otros indicios hacen ver la antigüedad de las mismas. Los toros se celebran a partir del 16 de septiembre, tras las cosechas, algo muy significativo.

Al llegar a casa, delante de unos refrescos comienza la tertulia más amorosa sobre el mundo animal, donde la tía me cuenta:

—Ali, hace años estas fiestas paganas y tradicionales venían unidas a la adquisición de ropas nuevas, engalanamiento de viviendas… ¡Fiesta grande! Te va a gustar.

—Monroy me está enamorando, tía. Monumentos históricos, unos paisajes de cuadro, animales… ¡Es maravilloso!

—Mira, en época de nuestros padres, en la plaza de España se montaban los tablaos para celebrar los festejos taurinos. Las bocacalles se cerraban con carros y carretas.

—¿Y cómo salían los mozos al ruedo?

—Los cerramientos se hacían con palos verticales —apostilla mi tío interviniendo en el diálogo más taurino y monroyego—. La separación de la materia era suficiente y, de esa manera, los chavales podían entrar y salir. A partir de los años 50, se optó por reducirlo, con ello se garantizaba la seguridad de los intervinientes. En los 70 la principal plaza del pueblo se sustituyó por la del Canal o de la Charca, un emplazamiento más pequeño, además de económico de cerrar. Y tras todo lo anteriormente enumerado, llegó la plaza portátil.

Por el tono de la conversación me doy cuenta de algo, los toros para un niño pequeño nacido en el pueblo forman parte integrante de sus vivencias. Muy al margen de la dedicación total ofrecida por mis amados tíos, el toro ha sido parte de su supervivencia, lo cual dejan siempre muy claro, ¡donde sea y delante de quien sea! Son un matrimonio amoroso y agradecido al animal. Entusiasmados reflexionan sobre pensamientos de otros monroyegos, ratificados por mi querido Borja:

—Sin el toro bravo hubiésemos sido distintos en la forma de relacionarnos con los animales.

El tío viaja en el tiempo para hacerme saber:

—De niños jugábamos en la plaza con verdadero entusiasmo, imitábamos a los mayores en la forma de citar al toro… Uno hacía de este, y los demás, de maestros.

—¡Ay, Ali! —continúa mi tía, embarcada en este viaje años atrás—. Los palos, *a posteriori*, los aprovechábamos para hacer columpios. Con unos cuantos tablones apilados y un palo conseguíamos el mejor de los balancines.

De este trayecto al pasado nos saca el teléfono. La vaca preñada está a punto de parir, el tío y Borja van a acudir a ver el natalicio para asegurarse del bienestar de la res y su pequeño. La tía Charo, una mujer empática, me invita a acompañarlos cariñosamente, asegurándome de la tranquilidad de preparar la cena en soledad; algo tan sencillo como amar en realidad, pues es consciente de mi curiosidad, me quiere de corazón y goza mi felicidad.

Llegamos al hogar de esas reses mansas en pocos minutos. Mis acompañantes sentencian, sin duda alguna precisa una cesárea, debemos llamar al veterinario. En pocos minutos aparece un señor con aspecto serio, a la vez tranquilo, y su diagnóstico es rotundo:

—El feto es enorme, la operación es del todo necesaria.

—Adelante —contestan mis acompañantes con rotundidad.

Plata es una vaca de buen carácter, el veterinario le aplica la epidural y cae sobre un costado, lo cual, según me explica, le permitirá trabajar, además de no padecer el animal. En la lejanía de unos metros vuelvo a ser una reina viendo nacer un becerro, ¡algo muy tierno! El facultativo le practica una incisión relativamente grande en el abdomen, otra en el útero. Ante mi sorpresa, coloca unas cadenas en las patas del ternero para sacarlo fuera. ¡Diez minutos! ¡Platero en el mundo! Y es precioso.

El veterinario me pega un pequeño golpe de cariño en el hombro, se ha percatado de mi emoción. Cruzamos unas palabras donde se mezcla Valencia con Barcelona, Gijón, Badajoz, Córdoba, Ceuta…, y en todas el protagonista es propietario de dos pitones.

Se despide de nosotros, no sin antes recetar a Plata y el becerro, en diferentes dosis, unos antibióticos y antiinflamatorios no esteroideos.

Esa noche duermo a placer, reconozco un cansancio físico, pues este par de días me ha reportado un océano de momentos inolvidables. Además estoy cargada de ilusiones, pues mañana comienzan las Fiestas del Toro de Monroy.

A las 18:00 está marcada la lidia tradicional de dos vacas, un novillo y un toro. Me extraña la premura de los tíos en salir de casa, nada más terminar de comer. Están eufóricos, prefieren tomar el café cerca de la plaza. A las 16:30 llegamos a un bar cercano a la misma, donde me espera una gran sorpresa. Alfonso Casado, otro de mis mentores en el arte de la tauromaquia, está aquí; su hijo Hugo es el novillero, rey de esta tarde de toros. Su rostro es espejo de montones de ilusiones. Inmediatamente, el maestro y yo nos fundimos en un abrazo envuelto en el «tía» más meloso y cariñoso, el de mi sobrino por amor Hugo Casado. Este chaval lleva una vida dedicado a aprender las reacciones del animal y cuáles son sus necesidades, por supuesto, ayudado por su padre, Alfonso Casado, ¡torero! Me emociona su mirada al novillo en la distancia, pues es un río de cariño, agradeciendo *a priori* lo mucho reportado por el mismo hacia él. Amor sin más.

¡Empieza la fiesta! La primera vaca sale al ruedo enérgica, corriendo de un lado para otro. La segunda mansea un poco más, no posee la bravura de su compañera, pero el matador consigue provocarla. Mientras estoy viendo la lidia de las mismas, inevitablemente vienen a mi cabeza esos tentaderos vividos en la ganadería de Manuel Gimeno en Salamanca. La forma de comportarse de la hembra es parecida, pero no idéntica a la del toro, y eso el torero debe aprenderlo además de tenerlo en cuenta, se juega la vida en el ruedo.

Al soltar el novillo, inevitablemente mi cuerpo entero entra en tensión. Hugo Casado es mi sobrino de corazón. El animal es grande, tiene hechuras, sale con ímpetu. Mi novillero lo recibe con el capote, doblándose con él con el compás abierto. Pega tres o cuatro doblones, tras los cuales empieza a gozar la verónica, toreándolo con mucho gusto, envuelto en los aplausos del público por su soltura, y lo remata con una media belmontina. ¡Cambio de tercio! Hugo realiza un quite por chicuelinas con la mano baja. Observándolo me doy cuenta de algo claro y llano en la expresión de su rostro: lo está disfrutando. Remata con una preciosa revolera, a causa de la cual el público rompe en aplausos.

Entran los banderilleros, mi valiente cambia los trastos y, como decimos en Valencia, pega un *glopet* de agua. ¡Me siento pletórica! Hugo coge su sombrero cordobés, se aproxima a la presidencia, le pide permiso al presidente y se acerca a nosotros:

—Tía, cuando estuve en Valencia y me regalaste la medalla de tu Virgen de los Desamparados, te prometí el brindis de un novillo. Este va por ti, mi tía Ali. Gracias por tanto cariño.

Rompo a llorar, la emoción invade mi ser. Los aplausos del público ante las palabras de mi sobrino son reflejo de algo ratificado con experiencias propias, el toro bravo está rodeado de caballeros capaces de demostrar el te quiero.

La faena de muleta comienza. Hugo Casado se dirige hacia el animal, pausado, tranquilo, lo cita, empieza a doblarse con él. De repente se levanta, le mete un trincherazo seguido de un cambio de mano, el cual da paso al otro. Mi novillero le da sitio al animal, se aleja despacio, pausadamente. La res le ha gustado, la faena va a ser inolvidable. Al volver hacia la cara del toro con la mano izquierda, la lidia comienza a tomar altura. Tras una tanda de cinco muletazos con la diestra, da paso a un gran pase de pecho sacado por la hombrera. ¡El público estalla en aplausos! La gente está disfrutando su arte. Continúa con la izquierda, además muy gustosamente. ¡Muletazos a placer! Hugo Casado está empezando a andar en el mundo del toro, los comentarios de los tíos son reflejo de una carrera meteórica por su arte, y ellos saben de este, pues lo conocen profundamente. El amor a la buena lidia en mis tíos Julián y Charo es un sentimiento siempre latente. Incluso mi mayoral comenta: «¡Puede ser un torero de altos vuelos!». Si lo consigue, habrá conseguido su anhelo, puesto que trabaja y entrena constantemente por y para ello. Su toreo va en aumento con ambas manos, hay momentos de mucha seriedad; pese a su juventud, parece un torero muy cuajado. Él está gozando, lo conozco, ha tenido muletazos calificados por el tío de pinturas de cartel de toros. El último tercio, tras unas manoletinas muy ajustadas se perfila, marca los tres tiempos e introduce la espada en la res metiéndola hasta los gavilanes. Ni los banderilleros llegan a tiempo, pues el novillo cae rodado. La plaza parece la mascletá más estruendosa invadida por los aplausos de la novillada, para mí, más hermosa, pues en este momento en Monroy soy el hada más honrada y halagada.

El toro sale al ruedo. Aún embargada por la emoción de la lidia de Hugo Casado, me cuesta centrarme en la res protagonista del momento. Los apuntes inteligentes de mi mayoral me hacen centrarme en la misma. Es un animal grande, posee bravura, embiste bien y con fuerza, mostrando la realeza de un toro bravo en su magnitud, pero el maestro con su destreza consigue hacerlo humillar. El matador falla en el estoconazo, embargándose en un enfado para con él mismo, y al siguiente, de manera perfecta, el toro rueda. Una tarde para el recuerdo.

Cenamos con Alfonso y Hugo, comentando los pormenores del evento y los actos a celebrar los próximos días. Mañana a las doce de la mañana, dos vacas serán las dueñas del pueblo; pasado se volverá a hacer acopio del amor a la fiesta nacional en estas bellas tierras con la lidia de dos toros bravos, y de la misma manera, al día siguiente el «¡olé!» volverá a ser el sonido y la palabra más escuchada en estas preciosas tierras monroyegas.

La mañana siguiente las vacas están inquietas además de muy activas, con lo cual permiten mostrar la destreza de esos recortadores, quienes las driblan con pericia mostrando su capacidad de torear la res simplemente con los movimientos de su cuerpo alrededor de ellas. Necesariamente, viene a mi mente el toro en la calle, una tradición muy valenciana, muy nuestra. Los hechos vuelven a demostrar algo: ¡España es una!

Embebida en recuerdos vividos en mi muy querida Paiporta, suena el teléfono. Para mi sorpresa, el emisor de la llamada es mi buen amigo Marco Navarro Latorre, presidente de la Asociación Cultural Taurina Colla Cerril. Una sonrisa cambia las facciones de mi cara y descuelgo el teléfono mientras le digo a mi tía, y le hemos provocado una otitis, pues en las primeras andanzas de las vacas por la calle, le hablé de situaciones similares vividas allí cuando me invitaron a sus fiestas.

—Eres un poco brujo. Me estaba acordando de ti.

—¿A que no sabes dónde estoy?

—No, no me lo has contado.

—Con Germán, en Trujillo.

—¡Anda! Pues yo estoy en Monroy.

—¡No me digas! ¿Y qué haces allí?

—Mi tía Charo me ha invitado a las Fiestas del Toro y he venido.

—¡Qué bien! ¿Cuántos días más vas a estar?

—Tres días más, mañana y pasado. Hay corridas de toros y las voy a disfrutar. Al día siguiente por la mañana, cogeré el tren a Madrid y haré transbordo a Valencia.

—De eso nada, pasamos a por ti y nos vamos los tres.

—¡Qué bien! ¡Gracias!

El mundo del toro bravo, en cualquiera de sus áreas, está rodeado de caballeros y damas capaces de demostrar el cariño con hechos, y a los mismos me remito. El viaje de vuelta va a ser un paseo a Valencia, y son muchos los kilómetros a recorrer, acompañada de mis buenos amigos Marco Navarro Latorre y Germán Zaragoza, presidente de la Federación de Peñas Taurinas de Bous al Carrer, como se llama en mi tierra al toro en la calle.

La tarde vuelve a ser de cuento para una mujer como yo, enamorada del arte y la historia de España. Los tíos me llevan a ver la iglesia de Santa Catalina, está datada a finales del siglo XV, aunque seguramente se reconstruyó sobre otra más antigua. El interior consta de una sola nave, con arcos de diafragma, los cuales la dividen en cuatro tramos. La cabecera de la iglesia sobrecoge, se encuentra ocupada por la capilla mayor de planta cuadrada y con bóveda de crucería estrellada. En el exterior, presenta una portada de arco de medio punto con columnas clasicistas, de fuste liso en ambos lados terminando en candeleros. Todo preparado para demostrar a Dios ese padrenuestro y a la Virgen María pedirle apoyo como madre de Cristo. ¡El toro bravo y la cultura van unidos en España! El buen ateo reconoce en este precioso templo una obra de arte cuanto menos, y el monroyego ama el toro.

Las 48 horas siguientes vuelvo a gozar la fiesta nacional y la coherencia de los habitantes de este municipio, pues sus hechos demuestran unos días donde el toro es su emperador y le ceden su espacio, demostrándole amor. El toro bravo es el protagonista en el centro urbano de esta maravillosa localidad, paradigma del ser español. He visto vacas, toros cárdenos, zainos y colorados, ovejas, cerdos…

Marco y Germán vienen a buscarme a la hora acordada. Me despido de mis tíos agradeciéndoles todo lo vivido, y es mucho, jamás lo olvidaré. Imágenes que no saldrán jamás de mi retina, momentos con un sitio permanente en mi corazón, además de un sentimiento siempre latente, y no solo a mis amados tíos, sino a su cuna de nacimiento, ¡el bello Monroy!

Mientras nos alejamos en el coche, les digo adiós con la mano, pero no me despido solo de ellos, también de esos preciosos saltos de agua, de esos pastizales, los chopos, los sauces, los riberos... ¡Monroy, volveré, pues ya te quiero!

La conversación entre tres amigos amantes del toro bravo, lógicamente, versa sobre él. Marco, Germán y yo iniciamos una charla donde, sin duda, el protagonista tiene dos pitones.

—¿Qué es lo que más te ha gustado?

—No sabría deciros, Monroy clama España, paisajes, naturaleza, agua y, por supuesto, mira cómo tratan al toro, ¡las Fiestas del Toro! En Paiporta el animal es sultán, y en Monroy, emperador. Pero me ha emocionado al extremo la lidia del novillo. Marco, ¿te acuerdas del maestro Alfonso Casado?

—Sí, Ali, me lo presentaste. Me causó muy buena impresión.

—Pues su hijo, Hugo, fue el novillero y me brindó la faena. Me caían lágrimas de sangre por la emoción, andanzas del corazón.

—En Barcelona lo tienen muy difícil, son muchas las trabas impuestas allí, como nos pasó a nosotros en Paiporta. Pero, mira, ya lo hemos solucionado. En Trujillo, Germán y yo hemos estado ojeando animales para el próximo año.

—No son trabas, amigos míos. En estos tiempos no es ninguna barbaridad decir: CATALUÑA, DICTADURA EN ESPAÑA.

10

Cataluña, dictadura en España

Septiembre ha devuelto al Estado el día a día de la vida laboral y rutinaria. Unos horarios rígidos marcan los tiempos de entrada al trabajo, al colegio, de comidas, meriendas y cenas… Algo preciso para poder cumplir con las obligaciones propias de cada edad. A las ocho de la mañana, cuando mis hijos ya están en la facultad, salgo al balcón para poder observar el Turia de chiquillos con sus uniformes escolares desembocando en el Mediterráneo de la educación, van directos al colegio.

Al mismo tiempo, el descanso de las revisiones médicas referentes a las diferentes patologías de las cuales adolezco ha terminado, debo cumplir con las fechas de las revisiones impuestas por los facultativos. Me arreglo y sin prisa, pero sin pausa, me encamino al Hospital Clínico de Valencia. El otorrino, ya buen amigo mío, me advierte de la necesidad de no someter mi oído al ruido de tracas; padezco una otitis crónica provocada por eczemas auditivos y el estruendo no es positivo. Resignada, mentalmente me preparo para no salir a la calle dentro de quince días, en el puente del 9 de octubre, Día de la Comunidad Valenciana. La tierra del fuego y de las flores demuestra a Valencia sus amores con mascletás y castillos de fuegos artificiales, donde cubierto de colores y ruidos en perfecta armonía, sale al aire el antiguo Reino de Valencia.

Soy madre, la laboriosa faena de la plancha me está esperando. Vivimos cuatro personas en casa, tengo dos hijos y aún hace calor en septiembre, lo cual implica más de un cambio de ropa al día; tengo mucho por hacer, y lo realizaré nada más termine de tomarme un café. Al sentarme en el sofá dispuesta a degustar el líquido más dorado para mí, suena el teléfono. El emisor de la llamada es mi querido Alfonso Casado, matador de toros. Ese hermano varón, regalo del amor por la fiesta nacional, se interesa por mi estado de salud:

—¿Qué te ha dicho el médico, Ali? ¿Cómo te ha ido?

—Como siempre, tete. D. Jaime me limpia bien los oídos, intentando hacerme el menor daño posible; gracias a Dios, goza de experiencia, además de mucha pericia. Me ha recomendado no escuchar tracas y me ha mandado a casa hasta el mes siguiente, sin cambios.

—Bueno, Ali, pero ahora no estáis en Fallas, no hay mascletás.

—En unos días sí. El 9 de octubre es el día de la Comunidad y habrá jaleo, pero, bueno, nos quedaremos en casa y en paz.

—¿Entonces es puente con el 12 de octubre? El 9 cae en viernes y el lunes día 12 es la Virgen del Pilar, el Día de la Hispanidad.

—Exactamente. Nada, bajaré el volumen de la televisión y lo veremos vía imagen.

—¿Por qué no te vienes a casa esos días? Va, puñetera. ¡Te has ido a Monroy! ¡Me voy a poner celoso! Solo quieres a tu tío Julián.

—¡Ja, ja, ja! Lo comentaré con José. Me encantaría, hace años de mi última visita a Barcelona.

—Ven y te quedas con nosotros. Olga y Hugo se pondrán muy contentos.

Esas palabras me arrancan la sonrisa más tierna. El toro bravo me ha regalado toneladas del amor más entrañable, y eso para una mujer como yo es el presente más agradable. Hoy es 24 de septiembre, la Virgen de la Merced, patrona de Barcelona. Mi querido Alfonso tiene por delante una comida familiar y encuentros con amigos en esas bellas tierras besadas por el Mediterráneo, Cataluña. Donde Antonio Gaudí hizo fructificar su estilo arquitectónico, acogedora de esa basílica de Santa María del Mar, la cual enamora. Allí Salvador Dalí, uno de los pintores surrealistas más emblemáticos del siglo XX, dio rienda suelta a su arte, como Joan Miró, otro de los amantes de esa forma de expresión, quien fue para Antonio Tapies base de sus pinturas.

Salvador Dalí fue un aficionado constante del mundo del toro, muy amigo de Luis Miguel Dominguín. Le gustaba recorrer diferentes cosos, pintó toros y toreros, y en el año 1961, en Figueras, su cuna de nacimiento, se celebró un festejo en su honor.

Joan Miró, a partir de los años 70, creó una serie de esculturas deseosas de atracción por el objeto, que se constituyó en corpus escultórico con la utilización de una técnica milenaria de esta disciplina, la fundición. En el año 1970 esculpió esa preciosa cabeza de toro paradigmática de su labor, en la cual la elección del acabado final en bronce provoca homogeneidad a la obra, dejando patente esa asta en la gran cabeza de toro.

Mario Cabré, torero y escritor, fue autor de diferentes poemarios. Salvador Espriu buscó en el rey de la dehesa la inspiración para su composición más aplaudida, La piel de toro. Otro poeta, Pere Gimferrer, ha demostrado siempre públicamente su apoyo a las corridas, no en vano fue un aficionado de pro. ¡El toro bravo es cultura!

El telediario es el salvavidas del aburrimiento provocado por la monotonía de la faena de la plancha, pero viéndolo me encolerizo. Mañana hará once años de una corrida de toros histórica: en la Monumental de Barcelona, José Tomás, Juan Mora y Serafín Marín, oriundo de esas bellas tierras, salieron por la puerta grande. ¡No se ha vuelto a abrir! ¡Se prohibieron las corridas de toros! Y cerraron el cerco urdido por esos mal llamados nacionalistas, que son simplemente secesionistas. ¡El término «nacionalismo», legalmente hablando, solo cabe en la palabra España! Eso debo dejarlo muy claro, pues esta es una nación indivisible. La ignorancia de las leyes no excusa de su cumplimiento, y esta pandilla de delincuentes va a desterrar cualquier palabra que suene a hispanidad. Estos malagradecidos se olvidaron de la carga antropológica del toro en ese mar acariciante de estas tierras. ¡Cataluña ha sido un bastón importantísimo en la historia del toreo! Hay algo innegable, y es lo mucho escrito en la arena de sus plazas de toros.

Los dictadores de esas plataformas, verdaderos separatistas, abogaron por la prohibición de la tauromaquia en el coso. Estos mandatarios disfrazados de fantasmas con sábana roja iban al «¡aquí mando yo!». Eso ni es democracia ni es tolerancia. Si no te gusta la tauromaquia, perfecto, ¡no vayas! Pero de ahí a prohibir es mucho el trayecto. Ese vandálico julio del año 2010, el Parlamento catalán aprobó una iniciativa legislativa popular, prohibiendo las corridas de toros. Esta entró en vigor el 1 de enero del año 2012.

Para más inri, el Tribunal Constitucional anuló esa ley por considerarla anticonstitucional, y estos malhechores se jactaron públicamente de su falta de respeto a las decisiones tomadas por el defensor de nuestra ley magna, la Constitución, dejando muy claro su desconsideración hacia el mismo, pues las corridas de toros no han vuelto a Cataluña.

Escondiéndose en la ley de protección de los animales, prohibieron la lidia en la comunidad, pero para estos dictadores lo único importante era chillar «¡no!» a una cultura compartida por España entera. Ordenan intentando separar, y eso me enfurece, porque ni he parado de leer ni de escribir, y como dije una vez:

Soy una flor del camino de Algirós
y es que soy nieta de la huerta valenciana,
por eso me sublevo y clamo a Dios
cuando vulneran la historia de mi España.
De Villargordo del Cabriel llevo el solano,
en una mezcla que es casi perfecta,
no me interesa en absoluto lo mundano,
me cobijo en los libros y la letra.
La falta de respeto a la historia
de esta cuadrilla de vampiros
vulnera nuestra memoria
¡y la de los que ya se han ido!
¡España es una! ¡Eso es ley!
Y su majestad Felipe VI, ¡nuestro rey!

Alicia Giner Casino

La tarde la ocupan mis ansias de saber la historia de la tauromaquia catalana, no soy una dama conformista. Y para mi sorpresa descubro algo, la primera corrida data del año 1387, durante el reinado de Juan I, según se recoge en el Archivo Oficial de la Corona de Aragón; además, se celebró en la bella Ciudad Condal.

Con motivo de la visita del rey Carlos IV, en 1802 se construyó la primera plaza de toros en Barcelona, que tenía capacidad para catorce mil asistentes. Fue posteriormente sustituida por la del Torín en la Barceloneta, pues las corridas de toros tuvieron un éxito realmente inesperado.

Este viaje por la historia lo interrumpe, de nuevo, la melodía de mi teléfono. Para mi sorpresa, el emisor de la llamada es un gran amigo mío, valenciano, novillero. Para Juan Pérez García, el toro bravo es una pasión portada en su corazón. La mañana siguiente, a las diez, tomamos juntos un café en nuestro sitio habitual. Somos buenos amigos, los dos compartimos respeto a la historia, un caballero y una señora para los que la valencianía y la hispanidad son algo nada banal. Es más, os confieso algo: ni siquiera intento pagar dos cafés. ¡Es muy señor! Y su dama no busca monedas para él.

El novillero que más quiero desde muy niño deseó ser torero, pero no pudo lograrlo. La falta de oportunidades provocó no conseguir un sueño del cual su corazón siempre será dueño. Siendo muy joven se escapó de casa buscando ocasiones; es con hechos como se demuestran los amores. Al contarle mi viaje en pocos días a Barcelona, me comenta emocionado la afición tan grande en esas bellas tierras. Mi querido Juan es un trabajador voraz y en el año 1992 residió en la Ciudad Condal. Allí se tiró al ruedo como espontáneo en la Monumental, acarreando con la consecuente sanción administrativa, pero pleno de emoción por pegar unos capotazos en una plaza de primera, acto espejo de gallardía. Es un hombre valiente y el toro bravo es una constante en su persona, siempre latente.

Mi buen amigo muchas veces es quien da cobijo a mis dudas. He leído sobre varios toreros catalanes y me ha llamado poderosamente la atención la figura de Joaquín Bernadó.

—Es un matador a reseñar, mi Ali. En México ha sido el torero español que más veces ha lidiado, su arte era fino y elegante.

Lo escucho en silencio, mientras lo observo extasiada, pues se levanta haciendo los movimientos precisos, pegando con los brazos un natural a la antigua, algo vertical. Estoy atenta a sus gestos, entiendo de la belleza y destreza necesarias para gozar la bernadina, muy riesgosa en su ejecución, y su esfuerzo favorece mi comprensión del arte del maestro Joaquín Bernadó.

Casi rozando mi hombro pasan dos niños, más o menos de la edad de nuestros hijos, cogidos de la mano e interrumpen estos momentos mágicos, pues el chaval se gira hacia nosotros diciendo:

—¡Asesinos! Ya os queda poco de maltratar animales. —Y me pega un pequeño golpecito en el hombro, ante lo cual mi acompañante se enfada con motivos.

El momento social ni favorece la tolerancia ni la educación, y a los hechos me remito. Me levanto y cojo a Juan intentando evitar un conflicto de mayor envergadura:

—Nene, déjalo estar. Son unos niñatos.

—Pues no te van a volver a faltar al respeto. Eso no lo soporto.

Mi novillero del alma coge mis bolsas de la compra, pues jamás me permite llevar peso, y de su brazo llego al patio de mi casa. El toro bravo es cultura, pero no solo eso, también modales, clase y estilo. El matador es caballeroso, y a los hechos me remito.

La semana siguiente, emprenderé el viaje en el Euromed. En la bella Barcelona pegaré mis primeros capotazos sobre la situación actual de la Cataluña taurina. Estos tres días restantes aprovecharé para buscar información que me aporte datos vividos en tiempos pasados, deseo estar embebida en ellos. Conocer la fortaleza de las bases es algo del todo preciso para poder demostrar la realeza y criticar la censura aplicada desde el desconocimiento total, ¡algo realmente dictatorial!

En la época medieval comenzó la práctica taurina del lanceo de toros. Carlomagno y Alfonso X el Sabio, entre otros, fueron muy aficionados a la misma. Existen, incluso, crónicas taurinas datadas en 1128, las cuales narran las fiestas del matrimonio entre Alfonso VII en Saldaña con doña Berenguela, hija del conde de Barcelona, donde entre otras funciones hubo también fiestas de toros.

Estamos hablando del siglo XII. ¡Es impresionante! El toro bravo es cultura e historia de España, ¡es innegable! Durante los siglos XIX y XX contó con un amplio respaldo por parte de intelectuales catalanes. La afición en determinados casos ha decaído a causa de esas prohibiciones sin sentido, las cuales comienzan a finales de la década de los 80, pues no se permitía la entrada en el coso a menores de catorce años. ¡Algo ridículo! Como madre, yo decido si permito la asistencia al festejo de mis hijos; lo contrario vulnera mis derechos. No entiendo nada. ¿Esto qué es?

Al leer eso la ira incontenida me hace pegar un staccato en el teclado del ordenador. Este ya no obedece mis órdenes, las teclas no trabajan, y me enfado conmigo misma, lo he estropeado. Soy una mujer pasional, me enferma la gente que disfruta de causar mal, de dominar. Ese terrorismo psicótico es del todo injustificable. ¡Prohibir! ¡Aquí mando yo! ¿No importan las sentencias del Tribunal Constitucional? ¡Dictadores!

El teléfono me saca de esa tempestad en la cual me encuentro inmersa. El novillero que más quiero vuelve a llamarme, esta vez para mandarme unas fotografías espejo de ese amor por la fiesta, no solo como espontáneo en esa hermosa Monumental, sino en diferentes sitios catalanes.

—He encontrado unas fotos preciosas del año 1992, Ali. Reflejan muy bien la gran afición en Barcelona por el toro. En casi todas las imágenes, la plaza está a reventar. Dame el correo electrónico de tu ordenador, nena, no lo encuentro.

—Mándamelas al móvil, corazón. El ordenador me lo acabo de cargar en una embestida provocada por la ira de las memeces leídas. ¿Como padres no podemos elegir a dónde van nuestros hijos? En 1980 se prohibió la asistencia de menores de catorce años. ¡Es demasiado!

Mi buen amigo sabe de mi necesidad de esta máquina, precisa hoy en día en cualquier hogar donde hay chavales en edad de estudiar y trabajadores de la letra impresa. Es consciente de algo, me falta un brazo en este momento. Su hijo pequeño está estudiando un módulo de informática, al momento le explica el incidente y mi querido Juanfran se pone al teléfono:

—Tía, debes formatear el ordenador, o tal vez resetearlo.

—Hijo, la tía es muy tonta para eso. No te preocupes, mañana llamaré al informático.

—No, tía, el papá me lleva y te lo arreglo. No me cuesta nada, además así practico.

—¡Jo, cariño! Mil gracias.

A los quince minutos el telefonillo es clarín anunciante de la llegada de mi informático del alma. Es un chaval de valores, con hechos demuestra sus amores; como dice el refrán, «de casta le viene al galgo». Su padre y yo lo dejamos en el despacho, nos vamos a la cocina y preparamos dos cafés, junto al sabor de dos cigarrillos son los mejores compañeros de la charla más taurina. A los quince minutos ese mago de la informática sale anunciando la recuperación de mi computador.

—Gracias, cariño mío. Eres un sol. Dime qué te debo.

—Tía, no digas tonterías. Quiero un refresco y un abrazo.

Mi querido Juan sonríe feliz de ver ese gesto afectivo entre su amiga y su hijo, otro presente del toro, un querer siempre latente que ha atado bien su lazo.

—El papá y tú ya estabais hablando del toro, ¿verdad?

—Claro, hijo, a la tía y a mí nos encanta. ¿Por qué no podemos hablar de él?

—¿Tú no hablas de fútbol con tus amigos, cariño? Pues el papá y yo pegamos capotazos elegantes.

Mi novillero del alma permanece callado mientras le explico a su vástago mi opinión, dándome la razón por anuencia. Son las formas de un señor formado con clase y estilo, quien intenta inculcar a su descendencia valores, espejo de los amores de un caballero español.

El 9 de octubre, Día de la Comunidad Valenciana, a las 10:30 de la mañana, llego a la estación de Sants. Mi querido Alfonso me espera e, inmediatamente, tras unos gestos plenos del cariño más entrañable y la alegría de tenerme con ellos en esa preciosa ciudad, Barcelona, nos dirigimos a su hogar. Su esposa, Olga, me recibe llena de afecto, dejándome muy claro desde el primer momento algo tan hermoso como «estás en tu casa». Hugo, ese novillero que demostró su cariño a su tía Ali en el bello Monroy con el brindis de ese magno eral, me da tres besos en el mismo carrillo, diciéndome enseguida: «Tía, me vas a ver torear». Alfonso tiene muy pensados los puntos del acta a seguir estas jornadas en la bella Ciudad Condal y me apremia. El primero del orden del día es una visita a la Monumental.

En la entrada de este bello monumento arquitectónico, me quedo extasiada gozando de la hermosura provocada por ese estilo neomudéjar y bizantino. El ladrillo visto es su característica más significativa, pero esa combinación con elementos califales, almohades y nazaríes provoca un estallido en el amante del arte arquitectónico. La Monumental comenzó su andadura con el nombre de la plaza de El Sport en el año 1914, completando el trío de cosos taurinos en la Ciudad Condal. ¡Cuánta afición había! El cambio de nombre llegó dos años después. En todo ese tiempo su aforo se había incrementado desde los más de once mil espectadores hasta poder acoger a 19.582 personas. Con el paso de los años llegó a ser una de las plazas de toros con más prestigio en nuestro país.

¿Dónde está todo ese amor a la fiesta? ¿Desapareció sin más ante las órdenes de políticos y falsos animalistas? No lo puedo creer. Alfonso y yo nos hacemos unos selfis, recuerdos maravillosos de este garbeo por la historia de la Cataluña más taurina, y acepto su invitación a un almuerzo en una cafetería sita en la calle Marina.

Al entrar en el recinto mi hermano se alegra mucho, transmitiéndome al instante ese sentimiento, pues Julio Calvo, un caballero, novillero catalán con quien he tenido muchas veces el placer de charlar, está aquí. Nos lo hemos encontrado y eso me emociona. Alfonso me lo presentó por teléfono cuando publiqué mi novela *Entre flores, sangre y arena* y poco a poco surgió una recíproca afinidad, nuestras charlas taurinas tuvieron con el paso de los días más frecuencia. Poder materializar ese abrazo, gozar ese diálogo sobre tauromaquia catalana cara a cara, charlar de tiempos pasados conociendo la biografía de quien desde hace tiempo —exactamente dos años— es mi tío Julio materializa un sueño. ¡El toro bravo me ha regalado una familia por amor al mismo! Y a los hechos me remito. Alfonso es feliz de estar con los dos en este almuerzo, donde se produce nuestro primer encuentro, algo imborrable y para el recuerdo.

Mi tío Julio nació en Barcelona en 1940. Su padre fue un gran aficionado al toro y él desde muy niño quiso ser torero. Al cumplir más o menos trece o catorce años, comenzó a asistir a la academia de Pedrucho, un antiguo matador de toros vasco afincado en Barcelona. Él lo enseñó, me explica mi querido tío embargado en una catarata de emociones:

—Siempre respetó mi forma de torear, mis maneras en el arte. Cuando cumplí quince años, me puso en un festival en Barcelona y allí di la vuelta al ruedo. ¡Cuánto cariño me profirió la afición, Ali! Nunca lo olvidaré. Continué toreando por diferentes lugares, Francia, varios pueblos catalanes… Y con diecisiete años debuté con picadores, fue un éxito. Al año siguiente en Palma sufrí una cornada tremenda y estuve bastante tiempo sin poder torear. A pesar de todo seguí en ello, recorriendo esa piel de toro extendida, la península ibérica, luchando, batallando, peleando…

—Tío, ¿por qué no tomas nunca la alternativa? No lo entiendo. Trabajaste mucho e imagino que hubiera sido tu sueño.

—Lo vas a comprender enseguida, cariño. El arte de la lidia es del querer del tío, lo respeto demasiado. No vi claro poder llegar a ser alguien, por lo que convertirme en matador de toros para retirarme en poco tiempo y poner en mi tarjeta «torero» hubiera sido pura tontería, hipocresía. En mi integridad, decidí quedarme como novillero. ¡Yo a la fiesta la quiero!

Inevitablemente, una sonrisa plena de orgullo y emoción ilumina el rostro de mis caballeros y el mío propio. Son vidas sometidas no solo al bienestar del animal y a sus necesidades, también a su buen nombre. Ni mi hermano ni mi tío son fariseos, ambos aman al toro y lo siguen viviendo.

—Julio, esta tarde me llevo a Ali a la Escuela Taurina, va a ver unas clases. Ahora podíamos entrar a ver el museo taurino.

—Alfonso, está muy descuidado, no vale la pena. Mientras estamos hablando, he recordado algo: mañana he quedado con José María Clavel a las diez de la mañana en Las Arenas. ¿Por qué no venís? Ali, te encantará charlar con él y por lo menos conocerás la fachada de esa plaza de toros catalana.

—¡Qué lástima de museo! ¡Por Dios! No creo excederme si digo que es historia de Barcelona.

—Nada, cariño, no te sobrepasas en nada. Ya verás, mañana con José María lo comentaremos, eso y más cosas.

—Sí, Ali, esta tarde nos vamos a la escuela, pero mañana acudimos a la cita con el tío y José María Clavel. Vas a conocer a un buen matador de toros, quien seguro te hará ver otras áreas de la tauromaquia catalana.

En casa comemos a placer, comentando diversos temas tanto del viaje como de lo vivido en mis primeras horas en la Ciudad Condal. Hugo es un chaval encantador. Conocedor de la afición de su tía por la letra impresa —de hecho, él también es amante de la misma—, me pregunta:

—Tía, ¿tu papá era editor?

—No, cielo, el papá de la tía era el impresor del periódico con más tirada en aquellos tiempos, Las Provincias.

—¿Por eso te gusta tanto leer y escribir?

—En parte sí. Mi padre fue un lector voraz e inculcó en mí esa afición.

—Tía, ¿tú hablas valenciano?

—Sí, con quien lo habla, por supuesto, pero no lo impongo; en Valencia hay mucha gente que no habla valenciano y no tiene por qué. Me pone enferma cuando leo letreros de calles en valenciano o le dan más importancia en la docencia a este que al castellano. ¡El español es la lengua de todo el Estado! ¡No solo en Cataluña hay conductas dictatoriales! En Valencia también. El actual alcalde se ha creído el dueño de la ciudad, las bicis nos están invadiendo, está dificultando la circulación…

—Tía, ¿y tú crees que el latín y el griego son importantes?

—¡Fundamentales, hijo! ¡Son base del español! Lo vas a entender enseguida, tesoro. Mira, el medicamento que toma la tía para suplir la función de la tiroides se llama Eutirox; *eu* es 'buen' en griego. Este maravilloso idioma vuelve a meternos un puyazo con la palabra *tauromaquia: tauro* es 'toro', y *maquia* viene de *makhe*, 'lucha, combate, pelea'. Si tienes conocimientos de griego y latín, tú solo serás capaz de darles significado a muchas palabras: a priori, a capela, campus…

A las cinco de la tarde, decidimos irnos con Hugo al castillo de Montjuic, una antigua fortaleza militar situada en la montaña homónima, donde mi querido Alfonso iba a entrenar con frecuencia cuando empezó a pegar sus primeros capotazos.

Tras gozar de la belleza de este monumento catalán y, por tanto, español, me dispongo a disfrutar del entrenamiento de mi sobrino Hugo Casado, ¡novillero! En primer lugar, mi chaval del alma corre a placer, calentando músculos para el ejercicio posterior. Tras la carrera, unos estiramientos van a dar paso tanto al toreo de salón como a ese entrar a matar al carretón.

Alfonso me explica la importancia del buen estado físico para el torero. Al fin y al cabo, ¿qué es la lidia? La inteligencia humana domina la fuerza del animal criado a conciencia para dotarlo de su máximo potencial. El toro bravo es un animal grande, fuerte y de reacciones cambiantes en ocasiones, motivo por el cual el matador debe estar en perfectas condiciones físicas, además de gozar de un buen manejo de los trastos de matar.

Disfruto como una loca de la destreza de esas verónicas impartidas al aire con el capote por mi sobrino querido y me cae la baba de emoción ante sus palabras cuando, tras dibujar unas revoleras previas a esas elegantes gaoneras, me hace saber:

—Tía, eso lo haré para ti en Valencia, pues lo sueño así.

Alfonso sonríe y me pasa una mano por el hombro intentando calmar mi emoción. Mi hermano me conoce y es perfectamente consciente desde nuestros primeros encuentros en Salamanca de la presencia en mi corazón de muchos sentimientos, pues es latente mi defensa a ultranza de la fiesta desde mi comprensión de la misma y el conocimiento de su historia.

El padre de Alfonso quiso ser matador de toros, lidió algún ejemplar, pero no pudo lograr su sueño, aunque su hijo materializó su anhelo y tomó la alternativa. Alfonso Casado, ¡torero! Desgraciadamente, la mala suerte le impidió seguir ejerciendo como tal. Una espantosa cogida le provocó lesiones de valía para abandonar la lidia. Sin embargo, el toro bravo no ha salido de su vida. Mi hermano es profesor de la Escuela Taurina en Cataluña, cargo que no le reporta ninguna remuneración económica, a diferencia de otros amigos míos ejercientes de la docencia de la fiesta en otras partes de España, como mi querido Álvaro de la Calle. Pero a mi tete le permite seguir en contacto con su animal, el toro bravo, preparando a críos deseosos de ser toreros, y lo hace por placer. A Hugo le viene en el ADN, por eso remonta con cada ejercicio ondeante en el aire de dibujos distintos con los trastos.

Alfonso coge el carro. Hugo, para mi sorpresa, lidia ese toro con dos ruedas. Al principio me lo tomo incluso a broma, pienso que es un sinsentido y le quito los mandos del toro a Alfonso, quien me los cede sin rechistar. Embisto varias veces, pero los tres estallamos en risas cuando Hugo me recrimina:

—Tía, este morlaco ignora mis incitaciones con los engaños.

—Ali —me explica el maestro con todo tipo de detalles—, el toreo de salón debe emular las reacciones del animal. Es la única manera de entrenamiento para coger la máxima destreza sin correr riesgos. No puedes pensar como persona, en esos momentos eres una vaca brava que responde las llamadas de Hugo. Este ejercicio es base para adquirir destreza, capacidad de reacción, elegancia en los pases…, para torear con realeza.

A las nueve de la noche damos la sesión por terminada y volvemos a casa. Cenamos a placer junto a Olga y nos acostamos pronto, pues mañana a las diez en punto tengo otro encuentro a recoger en el libro de los recuerdos.

A las diez menos diez de la mañana estamos en la puerta de Las Arenas, en la actualidad uno de los centros comerciales más importantes y visitados de la ciudad tanto por los mismos barceloneses como por turistas.

Esta plaza de toros fue construida en la plaza de España, con el tradicional estilo neomudéjar, por el arquitecto Augusto Font Carreras. El ruedo tenía 52 metros de diámetro, capacidad para casi quince mil personas. Su amplitud, belleza y proporciones la convirtieron en una de las mejores plazas de toros del país. Observando la fachada del edificio, gozando su atractivo, esperamos al tío Julio y a su buen amigo José María Clavel, matador de toros.

En pocos minutos están con nosotros. Los cuatro juntos nos disponemos a degustar el desayuno más docente, taurinamente hablando. En compañía de mi tete, mi tío Julio Calvo y José María Clavel, soy la española más afortunada.

Este caballero catalán nació el 24 de julio de 1937. Para mi sorpresa, me encuentro un señor sencillo, sincero, llano, que alaba mis ganas de aprender sobre esta fiesta a la cual dedicó su vida demostrando su querer. De hecho, aquí en Las Arenas mató su primer becerro. Junto a Fermín Murillo y Enrique Molina, formó una cuadrilla juvenil toreando un buen número de novilladas con notable éxito. No tiene problemas en aclararme todo tipo de detalles cuando me extraño ante la prontitud de sus comienzos en la fiesta, pues el becerro lo mató con once años y se hizo novillero con catorce, pero como me explica este gran hombre, eran otros tiempos y las necesidades apremiaban en otro ámbito de cosas, la posguerra dejó hambre y una mala situación económica. La madurez llegaba antes.

El maestro es un hombre campechano, sin ningún endiosamiento. Al darse cuenta de mi interés por su currículum, me habla de un fracaso grande en Las Ventas el día de San José del año 1952.

—Mi ya querida Alicia —me dice mientras con gestos me explica detalladamente—, eso me obligó a empezar de nuevo, a hacerme hombre y formarme como torero. Años duros, superados a base de una gran afición y mucha paciencia, ¡cosas del corazón!

—¿Cuándo tomó la alternativa, maestro?

—En la Monumental de Barcelona, el 10 de julio de 1960. Luis Miguel Dominguín fue mi padrino y Jaime Ostos actuó como testigo. Los toros fueron de Samuel Flores.

—¿Y cómo fue?

—Extremadamente gratificante. Comenzó una nueva época en mi vida profesional. La confirmación fue en Madrid el 23 de abril del año 1961 con Pedrés y Luis Segura. La corrida era de Galache. Guardo unos recuerdos preciosos de mi alternativa y su confirmación.

—¿Toreó usted alguna vez con Joaquín Bernadó?

—Sí, cariño, en la despedida de Mario Cabré.

—¿Cómo era? Deme su opinión, se lo ruego.

—Pues, a ver, era un torero de fina elegancia, depurado arte. A mi humilde parecer, el mejor torero catalán de la historia. Yo tuve la oportunidad de conocerlo y disfrutar de su amistad y arte. Era honesto y de calidad.

Escuchando a este gran señor, matador de toros, me emociono sin querer evitarlo. Otro regalo de ese rey de la dehesa para una mujer convertida en amante de la tauromaquia. Sus explicaciones son llanas, claras, transparentes, con unas formas perfectas. Sus contestaciones directas son propias de alguien que no precisa ni desea ocultar su amar a la fiesta nacional.

—Tío, me encantaría pisar con vosotros y el nene la arena de la Monumental.

—¿El nene?

—Se refiere a Hugo, Julio. Es su nene.

—¡Ja, ja, ja! Ya está claro.

—Estamos entrenando porque el día de la Virgen del Pilar hay una preparación novillera con asistencia de diferentes personas. Si pudiéramos entrar allí…

—¡Ala, José María! Vamos a hacer las llamadas pertinentes para complacer a nuestra sultana de la huerta valenciana.

A las cinco de la tarde estamos todos pisando la arena de la Monumental de Barcelona. ¡Majestuosa! Impresiona estar allí a pesar de no estar en plena potestad de sus facultades; hace tiempo de esa dictatorial prohibición. Hugo está muy centrado en las indicaciones de sus tres mentores, es un chaval atento, además de un alumno aventajado. No puedo evitar emocionarme imaginando la plaza llena, meditando sobre todo lo acontecido en ese coso, y me encoleriza pensar cómo se debe sentir el catalán deseoso de gozar esta tradición tan nuestra o el maestro nacido aquí de mostrar su arte en sus tierras. ¡Es del todo injusto! A las nueve de la noche nos despedimos, pero esta tarde queda grabada en mi corazón a fuego lento.

El domingo por la mañana iniciamos trayecto, tomamos la carretera dirección Valencia. El aroma del Mediterráneo no nos abandona. Al llegar a Tortosa, mi conductor favorito se desvía. La ganadería Mur nos espera, mi novillero más querido va envuelto en un torbellino de emociones. Mañana es la preparación taurina, un acto con cierto aire festivo que le permitirá seguir recibiendo caricias materializadas en los aplausos de los diferentes asistentes al acto. Nosotros vamos a pasar la noche allí, de esa manera podremos estar presentes en la recepción de los diferentes invitados. La presencia de políticos de la categoría de Javier García Albiol, quien demuestra constantemente su amor a España, la asistencia de mi buen amigo Félix Serraclara, colega y barítono, y de periodistas de la valía de Toni Guerrero son la revolera anunciante de momentos emotivos e inolvidables, y sobre todo los protagonistas del acto, esos líderes con dos pitones. Ellos con su fuerza y realeza serán espejo de la destreza de Hugo Casado, ¡novillero!

Esa tarde mi sobrino del alma vuelve a gozar del entrenamiento a placer, demostrando su querer a la fiesta nacional y al animal con actos claros.

¡12 de octubre! Día de la Virgen del Pilar, ¡el Día de la Hispanidad! Una jornada honrando un sentimiento, en un pasado y un futuro que no están desaparecidos, pero fácticos en un presente con ese acto, la preparación novillera. Un almuerzo y una comida acompañados de personas orgullosas de ser españolas, donde disfrutaremos de diálogos imborrables. La lidia de los novillos por parte de Hugo Casado pondrá emblema de oro y la música rematará el sello España.

Toni Guerrero, un gran periodista y buen amigo mío, es uno de los primeros en llegar. Con gran alegría nos abrazamos, pues hacía tiempo de nuestro último encuentro. Este catalán maravilloso tiene raíces en la España de las flores, esa Valencia de mis amores; el nudo está bien atado. Juntos hemos demostrado ganas de trabajar por lo nuestro, la unidad del país es fundamental para ambos. Música y toros son signos emblemáticos de España. La profundidad de su voz, unida a un léxico exquisito, será el mejor vehículo para llegar a emocionar, incluso antes de que Hugo comience a lidiar, pues sus palabras serán preludio de ese acto tan nuestro y del todo estremecedor, algo pleno de amor.

Almorzamos a placer y, acabado el ágape, nos dirigimos a la plaza de toros. Toni coge el micrófono y agradece su presencia a los asistentes al acto. ¡Es un día clamando España! Y continúa explicando:

—La lidia es un baile maravilloso entre hombre y animal. Unos pases inteligentes marcan unos tiempos, incluso musicales, en unos actos nada banales, pues tienen mucho a resaltar. Es grande el esfuerzo del novillero, demuestra con actos al toro su cariño, pues somete su vida a las necesidades del mismo. Un aplauso para Hugo Casado.

La plaza estalla mientras mi amado sobrino se encamina hacia el centro de la misma y Toni prosigue su andadura explicando:

—Toros y música van cogidos de la mano. Tu tía Ali está aquí, valenciana con la flor en las venas. Comencemos este acto con ternura, pues Félix Serraclara, un gran barítono amante de la fiesta nacional, muy amigo de tu tía y mío, quiere dedicarle una de sus canciones favoritas, *Amapola.*

Hugo asiente con la cabeza en un gesto pleno de alegría por tanto cariño hacia mí. Jamás tiene ningún afán de protagonismo, es un chaval muy sencillo. Nos emocionamos con esa preciosa pieza emblemática en la carrera de Alfredo Kraus, Amapola. Al terminar de interpretarla, los aplausos vuelven a llenar el recinto y yo abrazo a mi barítono. Ese acto de amor a España y a su buena amiga ha vuelto a atar el lazo.

Hugo está solo en el ruedo, el primer ejemplar sale al mismo. Mi novillero observa los movimientos del animal dirigiéndose a recibir sus embestidas. Mi sobrino lo va tanteando, lo recibe a pies juntos, dándole sitio, con las manos bajas. Lo remata a compás abierto con una larga cordobesa. Elegantemente llega hasta los medios, se dispone a hacer un quite, le proporciona unas chicuelinas toreadas de nuevo con las manos bajas, seguidas de un remate bellísimo. A continuación, sigue el trasteo con el capote poniendo al animal en tablas para continuar con la muleta. Mi novillero hace el cambio de trastos comenzando, como el otro día en su entrenamiento, por estatuarios. Pero la magia del nudo entre toro y torero lo hace aún más bello, es un continuo «te quiero».

Comienza la faena con la mano izquierda, tal vez el novillo le ha gustado más por ese pitón. ¡Dios! No sé si es el momento o el entorno, o tal vez la proyección del toreo de Hugo, pues cada vez cuaja mejor el toro, pero me estoy emocionando *in crescendo*. Hugo torea con ambas manos, dibujando muletazos bellísimos. Evidentemente, hay momentos de apuro, en algunas ocasiones el animal no se lo pone fácil, pero aun así lo resuelve con facilidad.

No se puede matar el novillo, estamos en Cataluña, ante lo cual se dispone a hacer el simulacro. Hugo se perfila y tira la espada entrando con la mano limpia. La coloca de una manera que, si llega a entrar el estoque, el animal hubiera caído al instante. La suerte hubiera sido perfecta. A continuación, el animal entra en los corrales. El toro no puede pisar dos veces la arena, es un animal de fácil aprendizaje. En el ruedo simplemente demuestra su acción primordial, la batalla, y no es consciente de lo acontecido hasta el fin de sus fuerzas. Cuando el toro va al matadero huele la sangre, os lo garantizo.

Óscar Encinas, tenor, hijo de un matrimonio regalo de la música lírica, el lenguaje más selecto, también familia por amor constantemente latente, Ignacio Encinas Montañés y María de los Ángeles Damunt, está a mi lado y me comenta:

—Tía, ¡cómo me hubiese gustado intentar darle una tanda!

El segundo novillo sale al ruedo. Hugo lo recibe probándolo, toreándolo con el capote, le hace varios quites y cambia a la muleta. El trasteo con el mismo ha sido incluso más bello que el anterior. Mi sobrino lo ha disfrutado más, o por lo menos me transmite esa sensación, incluso por los «¡olé!» exclamados por los allí presentes. Eran secos, rotundos, espejo de una faena bien hecha. Comienza con la muleta en los medios, no hay muletazos de recibo, dándole distancia y provocando al animal, son largos, con profundidad. El novillo repite después de acabar cada uno, es bravo. Hugo le pega tandas de ocho muletazos unidos al pase de pecho. La sobriedad de la faena en un novillero tan joven realmente me impacta, ¡tiene tan poco bagaje! Tal como va estructurando la labor, aparenta llevar mucho más tiempo.

Está disfrutando él, y los demás gozamos como locos su arte. A todo esto, durante las dos lidias Hugo sigue los consejos del tío Julio y el maestro José María Clavel. Sigue dibujando esos bellos muletazos, con remates sobrios e incluso en algún momento plenos de gracia cordobesa.

Hugo, ya llegando al final de la faena, se acerca hacia nosotros y le dice a Óscar:

—Óscar, si te has quedado con las ganas, este es el momento.

Mi tenor toma la muleta, tras agradecer el ofrecimiento, y se va hacia el animal. Este tiene la embestida más suave. Hugo le jalea los muletazos:

—¡Bien, Óscar, bien!

Es una constante. Tras el pase de pecho, Óscar le devuelve los trastos a Hugo, fundiéndose en un abrazo seguido de una sonrisa. ¡Queda todo dicho!

Hugo continúa toreando, seguido de un final de faena. El día, el entorno, la magia envolvente de la tauromaquia nos demuestran con hechos un arte vivo digno de disfrutar en el momento. En estos días de la actualidad, no hay ninguno donde se ponga tanta verdad pudiendo marcar la tragedia o el triunfo, es algo espontáneo, sincero, innato entre toro y torero. El humano demuestra su capacidad de crear arte y belleza cuidando al toro, y el animal enseña su fuerza, ¡su bravura! En tiempos pasados lo califiqué equivocadamente como un acto cruel, pero días como este me transmiten la ternura y el cariño proferidos al toro. El animal se resiste a volver a los corrales, desea seguir peleando, o por lo menos así lo parece, pero Manuel lo dirige a los corrales con los cabestros, prácticamente abrazados a él.

Un día maravilloso, imborrable. Vamos a comer un delicioso ágape preparado por Ángela Mur, ganadera. Ya en el salón comedor, todos los allí presentes comentamos lo recién acontecido, las características, ¡cómo han embestido los animales!, ¡cómo ha toreado Hugo! Es el momento de sacarle punta a todo lo sucedido. Al llegar Hugo con mi hermano a mi altura, ese «tía» melodioso es premonitorio y nos fundimos en un abrazo mientras comentamos:

—Tía, ¿qué te ha parecido? ¿Has disfrutado como yo?

—Cielo, he estado feliz, pletórica. Te lo aseguro, lo he gozado. ¿Cómo sabías que Óscar quería salir?

—Lo he escuchado al pasar. Simplemente he esperado el momento, he intentado que lo disfrutara como yo.

El café ya es compañero de los presentes. La voz de Toni corta las conversaciones diciendo:

—Música y toros, ¿hay algo más español? ¡Son dos sellos de identidad del país en el Día de la Hispanidad! Óscar Encinas quiere deciros algo.

—He gozado la lidia con mi amigo y ahora deseo que él disfrute con mi voz. De la misma manera, quiero regalar a nuestra tía Alicia esta canción, una de sus favoritas, *Valencia*.

Ante lo cual rompo a llorar de emoción. Hugo me toma de la mano acercándome a la altura de su amigo y Óscar me dice sin dudarlo:

—En ti se hace real, hay quien te llama sultana de la huerta valenciana. Tía, das el corazón.

Escuchamos la pieza embobados por el potencial. Yo me seco las lágrimas provocadas por un cúmulo de sentimientos en un día inolvidable, he sido una reina. ¡Para el recuerdo!

Óscar me abraza y le dice a Hugo:

—Podríamos irnos a Valencia un fin de semana.

—¡Cuando queráis! España es una. Yo en Cataluña tengo mi casa, pero vosotros en Valencia tenéis la vuestra. Tanto amor es regalo del país. Esta Valencia mía es Valencia nuestra.

Óscar es un tenor constantemente pulidor de su arte, para él cada pieza es un nuevo reto. En otro orden de cosas, es perfectamente consciente de algo tan lindo como llevar en mis venas las rosas y comienza a entonar esa preciosa canción de Agustín Lara, *Valencia mía,* mientras estoy cobijada en los brazos de ambos y envuelta en lágrimas de emoción, pues en mis ojos valencianos tiemblan dos luceros que son dos tiranos, ¡lidia del corazón!

Al terminar, Toni hace una pequeña declaración tras la cual me pasa el micro. Doy las gracias a los asistentes al acto por tantas muestras de cariño y les hablo levemente de mi conversión en amante de la tauromaquia y estudiosa de su historia. Uno de los presentes me hace una pregunta:

—¿Cuál ha sido tu conclusión ante tanto afán de aprender?

Mi respuesta es clara y contundente:

—El toro bravo, savia del árbol de España.

Índice

Sobre la autora

Nacida en Valencia en 1973, Alicia Giner Casino estudió piano clásico en el Conservatorio José Iturbi de Valencia, y Leyes en la Universidad Literaria de esa preciosa ciudad. Primogénita de don Vicente Giner Vivó, jefe de rotativas del diario *Las Provincias,* se crio amando la letra impresa o, como ella dice, «con la tinta en el corazón», llegando incluso a trabajar en dicho periódico.

Su progenitor fue su mentor, todo un referente que le inculcó el amor por la lectura y la escritura. Entre sus obras se encuentra *Daniel, un manuscrito enterrado en el tiempo,* novela escrita por la autora junto a un buen amigo, Lorenzo García Novales; *El cardenal Juan Bautista Benlloch y Vivó. Un valenciano al mundo,* en la que honra a un antepasado suyo, o *Entre flores, sangre y arena,* donde narra su primer encuentro con el toro bravo. La autora de esta novela, participante en diferentes trabajos de investigación histórica, se declara una firme amante del mundo animal. Quizás este sea el motivo por el que por segunda vez muestra su defensa a ultranza de la fiesta nacional.

www.ingramcontent.com/pod-product-compliance
Lightning Source LLC
LaVergne TN
LVHW101918220826
846093LV00009B/287

* 9 7 8 8 4 1 9 2 6 9 6 4 5 *